I0150147

Todos los libros de Linkgua Ediciones cuentan con modelos de Inteligencia Artificial entrenados por hispanistas. Pregúntale al chat de tu libro lo que desees acerca de la obra o su autor/a.

Para ebooks: Accede a nuestro modelo de IA a través de este enlace.

Para libros impresos: Escanea el código QR de la portada con tu dispositivo móvil.

Obtén análisis detallados de nuestros libros, resúmenes, respuestas a tus preguntas y accede a nuestras ediciones críticas generativas para una experiencia de lectura más enriquecedora.
La transparencia y el respeto hacia la autoría de las fuentes utilizadas son distintivos básicos de nuestro proyecto. Por ello, las respuestas ofrecen, mediante un sistema de citas, las fuentes con las que han sido elaboradas.

Ignacio de Loyola

Ejercicios espirituales

Barcelona 2024
Linkgua-ediciones.com

Créditos

Título original: *Ejercicios espirituales*.

© 2024, Red ediciones S.L.

e-mail: info@linkgua.com

Diseño de cubierta: Michel Mallard.

ISBN rústica ilustrada: 978-84-9953-735-1.
ISBN tapa dura: 978-84-9007-196-0.
ISBN ebook: 978-84-9897-045-6.

Sumario

Brevísima presentación

La vida

San Ignacio de Loyola nació hacia 1491, en el castillo de Loyola en Azpeitia, Guipúzcoa. Su padre, Bertrán, era señor de Ofiaz y de Loyola, jefe de una de las familias más antiguas y nobles de la región. Y también su madre, Marina Sáenz de Licona y Balda, provenía de la nobleza. Iñigo (ése fue su nombre bautismal) era el menor de ocho hermanos y tres hermanas.

Muy joven luchó contra los franceses en el norte de Castilla. Pero su breve carrera militar terminó el 20 de mayo de 1521, cuando una bala de cañón le rompió la pierna durante la lucha en defensa del castillo de Pamplona de una incursión franco-navarra.

La recuperación fue larga y dolorosa y con resultado negativo al haberse soldado mal los huesos. Entonces decidió volver a operarse soportando el dolor como una parte más de su condición de hombre puro.

Durante su convalecencia Ignacio leyó los libros La vida de Cristo, y el Flos Sanctorum, y bajo esta influencia su vida cambió.

Los Ejercicios espirituales

Tal como los define el propio San Ignacio de Loyola al comienzo del libro, los ejercicios espirituales abarcan «todo modo de examinar la conciencia, de meditar, de contemplar, de orar vocal y mental, y de otras espirituales operaciones». De modo que ésta es una obra de meditación y de oración donde el fundador de la Compañía de Jesús, partiendo de su propia experiencia, se propone como guía espiritual de quien esté dispuesto a retirarse del mundo durante cuatro semanas (este periodo es solo orientativo y cada practicante puede adaptarlo a sus progresos espirituales durante el retiro). Las meditaciones, contemplaciones y repeticiones realizadas a lo largo de los días de retiro (en silencio) ayudan a observar la propia vida con mayor claridad y a orientarse hacia un progresivo perfeccionamiento moral. Y, puesto que los *Ejercicios espirituales* que San Ignacio de Loyola propone en esta obra están inspirados en obras como *La vida de Cristo* del cartujo Ludolfo de Sajonia, que contribuyó a su conversión, y *La imitación de Cristo* de Kempis, lectura explícitamente recomendada, no es extraño que deban ser «practicados» más que «leídos».

1 Anotaciones para tomar alguna inteligencia en los ejercicios espirituales que se siguen, y para ayudarse, así el que los ha de dar, como el que los ha de recibir

1.ª anotación. La primera anotación es, que por este nombre, ejercicios espirituales, se entiende todo modo de examinar la consciencia, de meditar, de contemplar, de orar vocal y mental, y de otras espirituales operaciones, según que adelante se dirá. Porque así como el pasear, caminar y correr son ejercicios corporales; por la misma manera, todo modo de preparar y disponer el ánima para quitar de sí todas las afecciones desordenadas y, después de quitadas, para buscar y hallar la voluntad divina en la disposición de su vida para la salud del ánima, se llaman ejercicios espirituales.

2 2.ª La segunda es, que la persona que da a otro modo y orden para meditar o contemplar, debe narrar fielmente la historia de la tal contemplación o meditación, discurriendo solamente por los puntos con breve o sumaria declaración; porque la persona que contempla, tomando el fundamento verdadero de la historia, discurriendo y raciocinando por sí mismo, y hallando alguna cosa que haga un poco más declarar o sentir la historia, quier por la raciocinación propia, quier sea en cuanto el entendimiento es ilucidado por la virtud divina, es de más gusto y fruto espiritual, que si el que da los ejercicios hubiese mucho declarado y ampliado el sentido de la historia; porque no el mucho saber harta y satisface al ánima, mas el sentir y gusta de las cosas internamente.

3 3.ª La tercera: como en todos los ejercicios siguientes espirituales usamos de los actos del entendimiento discurriendo y de los de la voluntad afectando; advirtamos que en los actos de la voluntad, cuando hablamos vocalmente o mentalmente con Dios nuestro Señor o con sus santos, se requiere de nuestra parte mayor reverencia, que cuando usamos del entendimiento entendiendo.

4 4.ª La cuarta: dado que para los ejercicios siguientes se toman cuatro semanas, por corresponder a cuatro partes en que se dividen los ejercicios; es a saber, a la primera, que es la consideración y contemplación de los pecados; la 2.ª es la vida de Cristo nuestro Señor hasta el día de ramos inclusive; la 3.ª la pasión de Cristo nuestro Señor; la 4.ª la resurrección y ascensión, poniendo tres modos de orar: tamen, no se entienda que cada semana tenga de necesidad siete o ocho días en sí. Porque como acaece que en la primera semana unos son más tardos para hallar lo que buscan, es a saber, contrición, dolor, lágrimas por sus pecados; asimismo como unos sean más diligentes que otros, y más agitados o probados de diversos espíritus; requiérese algunas veces acortar la semana, y otras veces alargarla, y así en todas las otras semanas siguientes, buscando las cosas según la materia sujeta; pero poco más o menos se acabarán en treinta días.

5 5.ª La quinta: al que recibe los ejercicios mucho aprovecha entrar en ellos con grande ánimo y liberalidad con su Criador y Señor, ofreciéndole todo su querer y libertad, para que su divina majestad, así de su persona como de todo lo que tiene se sirva conforme a su santísima voluntad.

6 6.ª La sexta: el que da los ejercicios, cuando siente que al que se ejercita no le vienen algunas mociones espirituales en su ánima, así como consolaciones o desolaciones, ni es agitado de varios espíritus; mucho le debe interrogar cerca los ejercicios, si los hace a sus tiempos destinados y cómo; asimismo de las adiciones, si con diligencia las hace, pidiendo particularmente de cada cosa destas. Habla de consolación y desolación, n.º 316 de adiciones, n.º 73.

7 7.ª La séptima: el que da los ejercicios, si ve al que los recibe, que está desolado y tentado, no se haya con él duro ni desabrido, mas blando y suave, dándole ánimo y fuerzas para adelante, y descubriéndole las astucias del enemigo de natura humana, y haciéndole preparar y disponer para la consolación ventura.

8 8.ª La octava: el que da los ejercicios, según la necesidad que sintiere en el que los recibe, cerca de las desolaciones y astucias del enemigo, y así de las consolaciones; podrá platicarle las reglas de la 1.ª y 2.ª semana, que son para conocer varios espíritus, n.º 313 y 318.

9 9.ª La nona es de advertir, cuando el que se ejercita anda en los ejercicios de la primera semana, si es persona que en cosas espirituales no haya sido versado, y si es tentado grosera y abiertamente, así como mostrando impedimentos para ir adelante en servicio de Dios nuestro Señor, como son trabajos, vergüenza y temor por la honra del mundo, etc.; el que da los ejercicios no le platique las reglas de varios espíritus de la 2.ª semana; porque cuanto le aprovecharán las de la primera semana, le dañarán las de la 2.ª, por ser materia más sutil y más subida que podrá entender.

10 10.ª La décima: cuando el que da los ejercicios siente al que los recibe, que es batido y tentado debajo de especie de bien, entonces es propio de platicarle sobre las reglas de la segunda semana ya dicha. Porque comúnmente el enemigo de natura humana tienta más debajo de especie de bien, cuando la persona se ejercita en la vida iluminativa, que corresponde a los ejercicios de la 2.ª semana, y no tanto en la vida purgativa, que corresponde a los ejercicios de la 1.ª semana.

11 11.ª La undécima: al que toma ejercicios en la 1.ª semana, aprovecha que no sepa cosa alguna de lo que ha de hacer en la 2.ª semana; mas que así trabaje en la 1.ª para alcanzar la cosa que busca, como si en la 2.ª ninguna buena esperase hallar.

12 12.ª La duodécima: el que da los ejercicios, al que los recibe ha de advertir mucho, que como en cada uno de los cinco ejercicios o contemplaciones, que se harán cada día, ha de estar por una hora, así procure siempre que el ánimo quede harto en pensar que a estado una entera hora en el ejercicio, y antes más que menos. Porque el enemigo no poco suele procurar de hacer acortar la hora de la tal contemplación, meditación o oración.

13 13.ª La terdécima: asimismo es de advertir, que como en el tiempo de la consolación es fácil y leve estar en la contemplación la hora entera, así en el tiempo de la desolación es muy difícil cumplirla; por tanto, la persona que se ejercita, por hacer contra la desolación y vencer las tentaciones, debe siempre estar alguna cosa más de la hora cumplida; porque no solo se avece a resistir al adversario, mas aún a derrocalle.

14 14.ª La cuatuordécima: el que los da, si ve al que los recibe, que anda consolado y con mucho hervor, debe prevenir que no haga promesa ni voto alguno inconsiderado y precipitado; y cuanto más le conociere de ligera condición, tanto más le debe prevenir y admonir; porque dado que justamente puede mover uno a otro a tomar religión, en la cual se entiende hacer voto de obediencia, pobreza y castidad; y dado que la buena obra que se hace con voto es más meritoria que la que se hace sin él; mucho debe de mirar la propia condición y sujeto, y quinta ayuda o estorbo podrá hallar en cumplir la cosa que quisiese prometer.

15 15.ª La décima quinta: el que da los ejercicios no debe mover al que los recibe más a pobreza ni a promesa, que a sus contrarios, ni a un estado o modo de vivir, que a otro. Porque, dado que fuera de los ejercicios lícita y meritoriamente podamos mover a todas personas, que probabiliter tengan sujeto, para elegir continencia, virginidad, religión y toda manera de perfección evangélica; tamen, en los tales ejercicios espirituales, más conveniente y mucho mejor es, buscando la divina voluntad, que el mismo Criador y Señor se comunique a la su ánima devota, abrazándola en su amor y alabanza y disponiéndola por la vía que mejor podrá servirle adelante. De manera que el que los da no se decante ni se incline a la una parte ni a la otra; mas estando en medio, como un peso, deje inmediate obrar al Criador con la criatura, y a la criatura con su Criador y Señor.

16 16.ª La décima sexta: para lo cual, es a saber, para que el Criador y Señor obre más ciertamente en la su criatura, si por ventura la tal ánima está afectada y inclinada a una cosa desordenadamente, muy conveniente es moverse, poniendo todas sus fuerzas, para venir al contrario de lo que está mal

afectada; así como si está afectada para buscar y haber un oficio o beneficio, no por el honor y gloria de Dios nuestro Señor, ni por la salud espiritual de las ánimas, mas por sus propios provechos y intereses temporales, debe afectarse al contrario, instando en oraciones y otros ejercicios espirituales, y pidiendo a Dios nuestro Señor el contrario, es a saber, que ni quiere el tal oficio o beneficio ni otra cosa alguna, si su divina majestad, ordenando sus deseos, no le mudare su afección primera; de manera que la causa de desear o tener una cosa o otra sea solo servicio, honra y gloria de la su divina majestad.

17 17.ª La décima séptima: mucho aprovecha, el que da los ejercicios, no queriendo pedir ni saber los propios pensamientos ni pecados del que los recibe, ser informado fielmente de las varias agitaciones y pensamientos, que los varios espíritus le traen; porque, según el mayor o menor provecho, le puede dar algunos espirituales ejercicios convenientes y conformes a la necesidad de la tal ánima así agitada.

18 18.ª La décima octava: según la disposición de las personas que quieren tomar ejercicios espirituales, es a saber, según que tienen edad, letras o ingenio, se han de aplicar los tales ejercicios; porque no se den a quien es rudo, o de poca complisión, cosas que no pueda descansadamente llevar y aprovecharse con ellas. Asimismo, según que se quisieren disponer, se debe de dar a cada uno, porque más se pueda ayudar y aprovechar. Por tanto, al que se quiere ayudar para se instruir y para llegar hasta cierto grado de contentar a su ánima, se puede dar el examen particular, n.º 24, y después el examen general, n.º 32; juntamente por media hora a la mañana el modo de orar sobre los mandamientos, pecados

mortales, etc., n.º 238, comendándole también la confesión de sus pecados de ocho en ocho días, y si puede tomar el sacramento de quince en quince, y si se afecta mejor de ocho en ocho. Esta manera es más propia para personas más rudas o sin letras, declarándoles cada mandamiento, y así de los pecados mortales, preceptos de la Iglesia, cinco sentidos, y obras de misericordia. Asimismo, si el que da los ejercicios viere al que los recibe ser de poco sujeto o de poca capacidad natural, de quien no se espera mucho fruto; más conveniente es darle algunos destos ejercicios leves, hasta que se confiese de sus pecados; y después, dándole algunos exámenes de conciencia, y orden de confesar más a menudo que solía, para se conservar en lo que ha ganado, no proceder adelante en materias de elección, ni en otros algunos ejercicios, que están fuera de la primera semana; mayormente cuando en otros se puede hacer mayor provecho, faltando tiempo para todo.

19 19.ª La diecinueve: al que estuviere embarazado en cosas públicas o negocios convenientes, quier letrado o ingenioso, tomando una hora y media para se ejercitar, platicándole para qué es el hombre criado, se le puede dar asimismo por espacio de media hora el examen particular, y después el mismo general, y modo de confesar y tomar el sacramento, haciendo tres días cada mañana por espacio de una hora la meditación del 1.º, 2.º y 3.º pecado, n.º 45; después, otros tres días, a la misma hora la meditación del proceso de los pecados, n.º 55; después, por otros tres días, a la misma hora haga de las penas que corresponden a los pecados, n.º 65; dándole en todas tres meditaciones las diez adiciones, n.º 73, llevando el mismo discurso por los misterios de Cristo nuestro Señor, que adelante y a la larga en los mismos ejercicios se declara.

20 20.ª La vigésima: al que es más desembarazado y que en todo lo posible desea aprovechar, dénsele todos los ejercicios espirituales por la misma orden que proceden; en los cuales, por vía ordenada, tanto más se aprovechará, cuanto más se apartare de todos amigos y conocidos y de toda solicitud terrena; así como mudándose de la casa donde moraba, y tomando otra casa o cámara, para habitar en ella cuanto más secretamente pudiere; de manera que en su mano sea cada día a misa y a vísperas, sin temor que sus conocidos le hagan impedimento. Del cual apartamiento se siguen tres provechos principales, entre otros muchos: el primero es, que en apartarse hombre de muchos amigos y conocidos y, asimismo, de muchos negocios no bien ordenados, por servir y alabar a Dios nuestro Señor, no poco merece delante su divina majestad; el segundo, estando así apartado, no teniendo el entendimiento partido en muchas cosas, mas poniendo todo el cuidado en sola una, es a saber, en servir a su Criador, y aprovechar a su propia ánima, usa de sus potencias naturales más libremente, para buscar con diligencia lo que tanto desea; el 3, cuanto más nuestra ánima se halla sola y apartada, se hace más apta para se acercar y llegar a su Criador y Señor; y cuanto más así se allega, más se dispone para recibir gracias y dones de la su divina y suma bondad.

Título

21 Ejercicios espirituales para vencer a sí mismo y ordenar su vida, sin determinarse por afección alguna que desordenada sea

Prosupuesto

22 Para que así el que da los ejercicios espirituales, como el que los recibe, más se ayuden y se aprovechen: se ha de presuponer que todo buen cristiano ha de ser más pronto a salvar la proposición del próximo, que a condenarla; y si no la puede salvar, inquiera cómo la entiende, y, si mal la entiende, corríjale con amor; y si no basta, busque todos los medios convenientes para que, bien entendiéndola, se salve.

23 PRINCIPIO Y FUNDAMENTO.

El hombre es criado para alabar, hacer reverencia y servir a Dios nuestro Señor y, mediante esto, salvar su ánima; y las otras cosas sobre la haz de la tierra son criadas para el hombre, y para que le ayuden en la prosecución del fin para que es criado. De donde se sigue, que el hombre tanto ha de usar dellas, cuanto le ayudan para su fin, y tanto debe quitarse dellas, cuanto para ello le impiden. Por lo cual es menester hacernos indiferentes a todas las cosas criadas, en todo lo que es concedido a la libertad de nuestro libre albedrío, y no le está prohibido; en tal manera, que no queramos de nuestra parte más salud que enfermedad, riqueza que pobreza, honor que deshonor, vida larga que corta, y por consiguiente en todo lo demás; solamente deseando y eligiendo lo que más nos conduce para el fin que somos criados.

24 EXAMEN PARTICULAR Y COTIDIANO: CONTIENE EN SI TRES TIEMPOS Y DOS VECES EXAMINARSE. El primer tiempo es, que a la mañana, luego en levantándose, debe el hombre proponer de guardarse con diligencia de aquel pecado particular o defecto, que se quiere corregir y enmendar.

25 El segundo, después de comer, pedir a Dios nuestro Señor lo que hombre quiere, es a saber, gracia para acordarse cuántas veces a caído en aquel pecado particular o defecto, y para se enmendar adelante; y consequenter haga el primer examen, demandando cuenta a su ánima de aquella cosa pro-

pósita y particular, de la cual se quiere corregir y enmendar, discurriendo de hora en hora o de tiempo en tiempo, comenzando desde la hora que se levantó hasta la hora y punto del examen presente; y haga en la primera línea de la g = tantos puntos cuantos a incurrido en aquel pecado particular o defecto; y después proponga de nuevo de enmendarse hasta el segundo examen que hará.

26 El tercero tiempo, después de cenar se hará el 2 examen, asimismo de hora en hora, comenzando desde el primer examen hasta el 2 presente, y haga en la 2.ª línea de la misma g = tantos puntos cuantas veces a incurrido en aquel particular pecado o defecto.

27 SÍGUENSE 4 ADICIONES PARA MAS PRESTO QUITAR AQUEL PECADO O DEFECTO PARTICULAR. 1.ª adición. La primera adición es, que cada vez que el hombre cae en aquel pecado o defecto particular, ponga la mano en el pecho, doliéndose de haber caído; lo que se puede hacer aun delante muchos, sin que sientan lo que hace.

28 2.ª La 2.ª: como la primera línea de la g = significa el primer examen, y la 2.ª línea el 2.º examen, mire a la noche si hay enmienda de la primera línea a la 2.ª, es a saber, del primer examen al 2.º

29 3.ª La 3.ª: conferir el segundo día con el primero, es a saber, los dos exámenes del día presente con los otros dos exámenes del día pasado, y mirar si de un día para otro se a enmendado.

30 4.ª La 4.ª adición: conferir una semana con otra, y mirar si se a enmendado en la semana presente de la primera pasada.

31 Nota. Es de notar, que la primera g = grande, que se sigue, significa el domingo; la segunda más pequeña, el lunes; la tercera, el martes; y así *consequenter*

G
g
g
g
g
g
g
g

32 EXAMEN GENERAL DE CONSCIENCIA PARA LIM-PIARSE Y PARA MEJOR SE CONFESAR. Presupongo ser tres pensamientos en mí, es a saber, uno propio mío, el cual sale de mi mera libertad y querer; y otros dos, que vienen de fuera: el uno que viene del buen espíritu y el otro del malo.

33 DEL PENSAMIENTO.

1.ª Hay dos maneras de merecer en el mal pensamiento que viene de fuera, verbigracia, viene un pensamiento de cometer un pecado mortal, al cual pensamiento resisto impromptu y queda vencido.

34 2.ª La 2.ª manera de merecer es, cuando me viene aquel mismo mal pensamiento, y yo le resisto, y tórname a venir otra y otra vez, y yo siempre resisto, hasta que el pensamien-

to va vencido; y esta 2.ª manera es de más merecer que la primera.

35 Venialmente se peca, cuando el mismo pensamiento de pecar mortalmente viene, y el hombre le da oído, haciendo alguna mórula o recibiendo alguna delectación sensual, o donde haya alguna negligentia en lanzar al tal pensamiento.

36 1.ª Hay dos maneras de pecar mortalmente: la primera es, cuando el hombre da consentimiento al mal pensamiento, para obrar luego, así como a consentido, o para poner en obra si pudiese.

37 2.ª La segunda manera de pecar mortalmente es cuando se pone en acto aquel pecado, y es mayor por tres razones: la primera, por mayor tiempo, la segunda por mayor intensión, la tercera por mayor daño de las dos personas.

38 DE LA PALABRA.

No jurar ni por Criador ni por criatura, si no fuere con verdad, necesidad y reverencia; necesidad entiendo, no cuando se afirma con juramento cualquiera verdad, mas cuando es de algún momento cerca el provecho del ánima o del cuerpo o de bienes temporales. Entiendo reverencia, cuando en el nombrar de su Criador y Señor, considerando, acata aquel honor y reverencia debida.

39 Es de advertir que dado que en el vano juramento pecamos más jurando por el Criador que por la criatura, es más difícil jurar debidamente con verdad, necesidad y reverencia por la criatura que por el Criador, por las razones siguientes.

1.ª La primera: cuando nosotros queremos jurar por alguna criatura, en aquel querer nombrar la criatura, no nos hace ser tan atentos ni advertidos para decir la verdad, o para afirmarla con necesidad, como en el querer nombrar al Señor y Criador de todas las cosas. 2.ª La segunda es que en el jurar por la criatura no tan fácil es de hacer reverencia y acatamiento al Criador, como jurando y nombrando el mismo Criador y Señor; porque el querer nombrar a Dios nuestro Señor trae consigo más acatamiento y reverencia, que el querer nombrar la cosa criada. Por tanto, es más concedido a los perfectos jurar por la criatura, que a los imperfectos; porque los perfectos, por la asidua contemplación y iluminación del entendimiento, consideran, meditan y contemplan más ser Dios nuestro Señor en cada criatura, según su propia esencia, presencia y potencia; y así en jurar por la criatura son más aptos y dispuestos para hacer acatamiento y reverencia a su Criador y Señor, que los imperfectos. 3.ª La tercera es, que en el asiduo jurar por la criatura se ha de temer más la idolatría en los imperfectos que en los perfectos.

40 No decir palabra ociosa, la cual entiendo, cuando ni a mí ni a otro aprovecha, ni a tal intención se ordena. De suerte que en hablar para todo lo que es provecho, o es intención de aprovechar al ánima propia o ajena, al cuerpo o a bienes temporales, nunca es ocioso; ni por hablar alguno en cosas que son fuera de su estado, así como si un religioso habla de guerras o mercancías. Mas en todo lo que está dicho hay mérito en bien ordenar, y pecado en el mal enderezar o en vanamente hablar.

41 No decir cosa de infamar o murmurar; porque si descubro pecado mortal que no sea público, peco mortalmente;

si venial, venialmente; y si defecto, muestro defecto propio. Y siendo la intención sana, de dos maneras se puede hablar del pecado o falta de otro. 1.ª manera. La primera: cuando el pecado es público, así como de una meretriz pública, y de una sentencia dada en juicio, o de un público error, que inficiona las ánimas que conversa. 2.ª Segundo, cuando el pecado cubierto se descubre a alguna persona para que ayude al que está en pecado a levantarle; teniendo tamen algunas conjeturas o razones probables que le podrá ayudar.

42 DE LA OBRA.

Tomando por objeto los diez mandamientos y los preceptos de la Iglesia y comendaciones de los superiores, todo lo que se pone en obra contra alguna destas tres partes, según mayor o menor calidad, es mayor o menor pecado. Entiendo comendaciones de superiores, así como bullas de cruzadas y otras indulgencias, como por paces, confesando y tomando el santísimo sacramento; porque no poco se peca entonces, en ser causa o en hacer contra tan pías exhortaciones y comendaciones de nuestros mayores.

43 MODO DE HACER EL EXAMEN GENERAL, Y CONTIENE EN SÍ CINCO PUNTOS. 1.º punto. El primer punto es dar gracias a Dios nuestro Señor por los beneficios recibidos. 2.º El 2.º: pedir gracia para conocer los pecados, y lanzallos. 3.º El 3.º: demandar cuenta al ánima desde la hora que se levantó hasta el examen presente, de hora en hora o de tiempo en tiempo; y primero, del pensamiento; y después de la palabra y después, de la obra; por la misma orden que se dijo en el examen particular. 4.º El 4.º: pedir perdón a Dios

nuestro Señor de las faltas. 5.º El 5.º: proponer enmienda con su gracia. Pater noster.

44 CONFESIÓN GENERAL CON LA COMUNIÓN.

En la general confesión, para quien voluntarie la quisiere hacer, entre otros muchos, se hallarán tres provechos para aquí. 1.º El primero: dado que quien cada un año se confiesa no sea obligado de hacer confesión general, haciéndola hay mayor provecho y mérito, por el mayor dolor actual de todos pecados y malicias de toda su vida. 2.º El segundo: como en los tales ejercicios espirituales se conocen más interiormente los pecados y la malicia dellos, que en el tiempo que el hombre no se daba así a las cosas internas, alcanzando agora más conocimiento y dolor dellos, habrá mayor provecho y mérito que antes hubiera. 3.º El tercero es consequenter que estando más bien confesado y dispuesto, se halla más apto y más aparejado para recibir el santísimo sacramento; cuya recepción no solamente ayuda para que no caiga en pecado, mas aún para conservar en aumento de gracia; la cual confesión general se hará mejor inmediate después de los ejercicios de la primera semana.

45 PRIMER EJERCICIO ES MEDITACIÓN CON LAS TRES POTENCIAS SOBRE EL 1.º, 2.º Y 3.º PECADO; CONTIENE EN SÍ, DESPUÉS DE UNA ORACIÓN PREPARATORIA Y DOS PREÁMBULOS, TRES PUNTOS PRINCIPALES Y UN COLOQUIO.

46 Oración. La oración preparatoria es pedir gracia a Dios nuestro Señor, para que todas mis intenciones, acciones y

operaciones sean puramente ordenadas en servicio y alabanza de su divina majestad.

47 1.º preámbulo. El primer preámbulo es composición viendo el lugar. Aquí es de notar, que en la contemplación o meditación visible, así como contemplar a Cristo nuestro Señor, el cual es visible, la composición será ver con la vista de la imaginación el lugar corpóreo, donde se halla la cosa que quiero contemplar. Digo el lugar corpóreo, así como un templo o monte, donde se halla Jesu Cristo o nuestra Señora, según lo que quiero contemplar. En la invisible, como es aquí de los pecados, la composición será ver con la vista imaginativa y considerar mi ánima ser encarcelada en este cuerpo corruptible y todo el compósito en este valle como desterrado; entre brutos animales, digo todo el compósito de ánima y cuerpo.

48 2.º preámbulo. El segundo es demandar a Dios nuestro Señor lo que quiero y deseo. La demanda ha de ser según sujeta materia, es a saber, si la contemplación es de resurrección, demandar gozo con Cristo gozoso; si es de pasión, demandar pena, lágrimas y tormento con Cristo atormentado. Aquí será demandar vergüenza y confusión de mí mismo, viendo cuántos han sido dañados por un solo pecado mortal y cuántas veces yo merecía ser condenado para siempre por mis tantos pecados.

49 Nota. Ante todas contemplaciones o meditaciones, se deben hacer siempre la oración preparatoria sin mudarse y los dos preámbulos ya dichos, algunas veces mudándose, según sujeta materia.

50 1.° punto. El primer punto será traer la memoria sobre el primer pecado, que fue de los ángeles, y luego sobre el mismo el entendimiento discurriendo, luego la voluntad, queriendo todo esto, memorar y entender, por más me envergonzar y confundir; trayendo en comparación de un pecado de los ángeles tantos pecados míos, y donde ellos por un pecado fueron al infierno, cuántas veces yo le he merecido por tantos. Digo traer en memoria el pecado de los ángeles; cómo siendo ellos criados en gracia, no se queriendo ayudar con su libertad para hacer reverencia y obediencia a su Criador y Señor, viniendo en superbia, fueron convertidos de gracia en malicia, y lanzados del cielo al infierno; y así, consequenter, discurrir más en particular con el entendimiento, y consequenter moviendo más los afectos con la voluntad.

51 2.° punto. El segundo: hacer otro tanto, es a saber, traer las tres potencias sobre el pecado de Adán y Eva; trayendo a la memoria cómo por el tal pecado hicieron tanto tiempo penitencia, y cuánta corrupción vino en el género humano, andando tantas gentes para el infierno. Digo traer a la memoria el 2.° pecado, de nuestros padres, cómo después que Adán fue criado en el campo damaceno, y puesto en el paraíso terrenal, y Eva ser criada de su costilla, siendo vedados que no comiesen del árbol de la ciencia, y ellos comiendo, y asimismo pecando, y después vestidos de túnicas pellíceas, y lanzados del paraíso, vivieron sin la justicia original, que habían perdido, toda su vida en muchos trabajos y mucha penitencia; y consequenter discurrir con el entendimiento más particularmente, usando de la voluntad como está dicho.

52 3.° punto. El tercero: asimismo hacer otro tanto sobre el tercero pecado particular de cada uno que por un pecado

mortal es ido al infierno, y otros muchos sin cuento por menos pecados que yo he hecho. Digo hacer otro tanto sobre el 3 pecado particular, trayendo a la memoria la gravedad y malicia del pecado contra su Criador y Señor, discurrir con el entendimiento cómo en el pecar y hacer contra la bondad infinita, justamente a sido condenado para siempre, y acabar con la voluntad, como está dicho.

53 Coloquio. Imaginando a Cristo nuestro Señor delante y puesto en cruz, hacer un coloquio; cómo de Criador es venido a hacerse hombre, y de vida eterna a muerte temporal, y así a morir por mis pecados. Otro tanto, mirando a mí mismo, lo que he hecho por Cristo, lo que hago por Cristo, lo que debo hacer por Cristo; y así viéndole tal, y así colgado en la cruz, discurrir por lo que se ofreciere.

54 El coloquio se hace propiamente hablando, así como un amigo habla a otro, o un siervo a su Señor; cuándo pidiendo alguna gracia, cuándo culpándose por algún mal hecho, cuándo comunicando sus cosas, y queriendo consejo en ellas; y decir un Pater noster.

55 SEGUNDO EJERCICIO ES MEDITACIÓN DE LOS PECADOS, Y CONTIENE EN SÍ, DESPUÉS DE LA ORACIÓN PREPARATORIA Y DOS PREÁMBULOS, CINCO PUNTOS Y UN COLOQUIO. Oración, oración preparatoria sea la misma.

1.º preámbulo. El primer preámbulo será la misma composición. 2.º preámbulo. El 2 es, demandar lo que quiero: será aquí pedir crecido y intenso dolor y lágrimas de mis pecados.

56 1.º punto. El primer punto es el proceso de los pecados, es a saber, traer a la memoria todos los pecados de la vida, mirando de año en año o de tiempo en tiempo; para lo cual aprovechan tres cosas: la primera, mirar el lugar y la casa adonde he habitado; la segunda, la conversación que he tenido con otros; la tercera, el oficio en que he vivido.

57 2.º punto. El segundo: ponderar los pecados, mirando la fealdad y la malicia que cada pecado mortal cometido tiene en sí, dado que no fuese vedado.

58 3.º punto. El tercero, mirar quién soy yo, disminuyéndome por ejemplos: primero, cuánto soy yo en comparación de todos los hombres; 2.º, qué cosa son los hombres en comparación de todos los ángeles y santos del paraíso; 3.º, mirar qué cosa es todo lo criado en comparación de Dios: pues yo solo ¿qué puedo ser?; 4.º, mirar toda mi corrupción y fealdad corpórea; 5.º, mirarme como una llaga y postema, de donde han salido tantos pecados y tantas maldades y ponzoña tan turpíssima.

59 4.º punto. El cuarto: considerar quién es Dios, contra quien he pecado, según sus atributos, comparándolos a sus contrarios en mí: su sapiencia a mi ignorancia, su omnipotencia a mi flaqueza, su justicia a mi iniquidad, su bondad a mi malicia.

60 5.º punto. El quinto: exclamación admirativa con crecido afecto, discurriendo por todas las criaturas, cómo me han dejado en vida y conservado en ella; los ángeles, como sean cuchillo de la justicia divina, cómo me han sufrido y guardado y rogado por mí; los santos cómo han sido en interceder

y rogar por mí; y los cielos, Sol, Luna, estrellas, y elementos, frutos, aves, peces, y animales; y la tierra cómo no se a abierto para sorberme, criando nuevos infiernos para siempre penar en ellos.

61 Coloquio. Acabar con un coloquio de misericordia, razonando y dando gracias a Dios nuestro Señor porque me a dado vida hasta agora, proponiendo enmienda con su gracia para adelante. Pater noster.

62 TERCERO EJERCICIO ES REPETICIÓN DEL 1.º Y 2.º EJERCICIO, HACIENDO TRES COLOQUIOS. Después de la oración preparatoria y dos preámbulos, será repetir el primero y 2 ejercicio, notando y haciendo pausa en los puntos que he sentido mayor consolación o desolación o mayor sentimiento espiritual; después de lo cual haré tres coloquios de la manera que se sigue:

63 1.º coloquio. El primer coloquio a nuestra Señora, para que me alcance gracia de su Hijo y Señor para tres cosas: la primera, para que sienta interno conocimiento de mis pecados y aborrecimiento dellos; la 2.ª, para que sienta el desorden de mis operaciones, para que, aborreciendo, me enmiende y me ordene; la 3.ª, pedir conocimiento del mundo, para que, aborreciendo, aparte de mí las cosas mundanas y vanas; y con esto un Ave María. 2.º coloquio. El segundo, otro tanto al Hijo, para que me alcance del Padre; y con esto el Anima Christi. 3.º coloquio. El tercero, otro tanto al Padre, para que el mismo Señor eterno me lo conceda; y con esto un Pater noster.

64 CUARTO EJERCICIO ES RESUMIENDO ESTE MISMO TERCERO. Dije resumiendo, porque el entendimiento sin divagar discurra asiduamente por la reminiscencia de las cosas contempladas en los ejercicios pasados, y haciendo los mismos tres coloquios.

65 QUINTO EJERCICIO ES MEDITACIÓN DEL INFIERNO; CONTIENE EN SÍ, DESPUÉS DE LA ORACIÓN PREPARATORIA Y DOS PREÁMBULOS, CINCO PUNTOS Y UN COLOQUIO. Oración. La oración preparatoria sea la sólita.

1.º preámbulo. El primer preámbulo composición, que es aquí ver con la vista de la imaginación la longura, anchura y profundidad del infierno. 2.º preámbulo. El segundo, demandar lo que quiero: será aquí pedir interno sentimiento de la pena que padecen los dañados, para que si del amor del Señor eterno me olvidare por mis faltas, a los menos el temor de las penas me ayude para no venir en pecado.

66 1.º punto. El primer punto será ver con la vista de la imaginación los grandes fuegos, y las ánimas como en cuerpos ígneos.

67 2.º El 2.º: oír con las orejas llantos, alaridos, voces, blasfemias contra Cristo nuestro Señor y contra todos sus santos.

68 3.º El 3.º: oler con el olfato humo, piedra azufre, sentina y cosas pútridas.

69 4.º El 4.º: gustar con el gusto cosas amargas, así como lágrimas, tristeza y el verme de la consciencia.

70 5.º El 5.º: tocar con el tacto, es a saber, cómo los fuegos tocan y abrasan las ánimas.

71 Coloquio. Haciendo un coloquio a Cristo nuestro Señor, traer a la memoria las ánimas que están en el infierno, unas, porque no creyeron el advenimiento, otras, creyendo, no obraron según sus mandamientos, haciendo tres partes: 1.ª parte. La 1.ª, antes del advenimiento.

La 2.ª en su vida.

La 3.ª después de su vida en este mundo; y con esto darle gracias, porque no me ha dejado caer en ninguna destas, acabando mi vida. Asimismo, cómo hasta agora siempre a tenido de mí tanta piedad y misericordia, acabando con un Pater noster.

72 Nota. El primer ejercicio se hará a la media noche; el 2, luego en levantándose a la mañana; el 3, antes o después de la misa, finalmente que sea antes de comer; el 4, a la hora de vísperas; el quinto, una hora antes de cenar. Esta repetición de horas, más o menos, siempre entiendo en todas las 4 semanas, según la edad, disposición y temperatura, ayuda a la persona que se ejercita, para hacer los cinco ejercicios o menos.

Adiciones

73 ADICIONES PARA MEJOR HACER LOS EJERCICIOS Y PARA MEJOR HALLAR LO QUE DESEA. 1.ª adición. La primera adición es, después de acostado, ya que me quiera dormir, por espacio de un Ave María pensar a la hora que me tengo de levantar, y a qué, resumiendo el ejercicio que tengo de hacer.

74 2.ª adición. La 2.ª: cuando me despertare, no dando lugar a unos pensamientos ni a otros, advertir luego a lo que voy a contemplar en el primer ejercicio de la media noche, trayéndome en confusión de mis tantos pecados, poniendo ejemplos, así como si un caballero se hallase delante de su rey y de toda su corte, avergonzado y confundido en haberle mucho ofendido, de quien primero recibió muchos dones y muchas mercedes; asimismo, en el 2.º ejercicio, haciéndome pecador grande y encadenado, es a saber, que voy atado como en cadenas a parecer delante del sumo Juez eterno, trayendo en ejemplo cómo los encarcelados y encadenados ya dignos de muerte parecen delante su juez temporal, y con estos pensamientos vestirme, o con otros, según sujeta materia.

75 3.ª adición. La 3.ª: un paso o dos antes del lugar donde tengo de contemplar o meditar, me pondré en pie, por espacio de un Pater noster, alzado el entendimiento arriba, considerando cómo Dios nuestro Señor me mira, etc., y hacer una reverencia o humillación.

76 4.ª adición. La 4.ª: entrar en la contemplación, cuándo de rodillas, cuándo postrado en tierra, cuándo supino rostro

arriba, cuándo asentado, cuándo en pie, andando siempre a buscar lo que quiero. En dos cosas advertiremos: la primera es, que si hallo lo que quiero de rodillas, no pasaré adelante, y si postrado, asimismo, etc.; la segunda, en el punto en el cual hallare lo que quiero, ahí me reposaré, sin tener ansia de pasar adelante, hasta que me satisfaga.

77 5.ª adición. La 5.ª: después de acabado el ejercicio, por espacio de un cuarto de hora, quier asentado, quier paseándome, miraré cómo me a ido en la contemplación o meditación; y si mal, miraré la causa donde procede y, así mirada, arrepentirme, para me enmendar adelante; y si bien, dando gracias a Dios nuestro Señor; y haré otra vez de la misma manera.

78 6.ª adición. La 6.ª: no querer pensar en cosas de placer ni alegría, como de gloria, resurrección, etc.; porque para sentir pena, dolor y lágrimas por nuestros pecados impide cualquier consideración de gozo y alegría; mas tener delante de mí quererme doler y sentir pena, trayendo más en memoria la muerte, el juicio.

79 7.ª adición. La 7.ª: privarme de toda claridad para el mismo efecto, cerrando ventanas y puertas el tiempo que estuviere en la cámara, si no fuere para rezar, leer y comer.

80 8.ª adición. La 8.ª: no reír, ni decir cosa motiva a risa.

81 9.ª adición. La nona: refrenar la vista, excepto al recibir o al despedir de la persona con quien hablare.

82 10.ª adición. La décima adición es penitencia, la cual se divide en interna y externa. Interna es, dolerse de sus pecados, con firme propósito de no cometer aquellos ni otros algunos; la externa, o fruto de la primera, es castigo de los pecados cometidos, y principalmente se toma en tres maneras:

83 1.ª manera. La 1.ª es cerca del comer, es a saber, cuando quitamos lo superfluo, no es penitencia, mas temperancia; penitencia es, cuando quitamos de lo conveniente, y cuanto más y más, mayor y mejor, solo que no se corrompa el sujeto, ni se siga enfermedad notable.

84 2.ª manera. La 2.ª: cerca del modo del dormir; y asimismo no es penitencia quitar lo superfluo de cosas delicadas o moles, mas es penitencia, cuando en el modo se quita de lo conveniente, y cuanto más y más, mejor, solo que no se corrompa el sujeto, ni se siga enfermedad notable, ni tampoco se quite del sueño conveniente, si forsan no tiene hábito vicioso de dormir demasiado, para venir al medio.

85 3.ª manera. La 3.ª: castigar la carne, es a saber: dándole dolor sensible, el cual se da trayendo cilicios o sogas o barras de hierro sobre las carnes, flagelándose, o llagándose, y otras maneras de asperezas.

86 Lo que parece más cómodo y más seguro de la penitencia es, que el dolor sea sensible en las carnes, y que no entre dentro en los huesos de manera que dé dolor y no enfermedad; por lo cual parece que es más conveniente lastimarse con cuerdas delgadas, que dan dolor de fuera, que no de otra manera que cause dentro enfermedad que sea notable.

87 1.ª nota. La primera nota es que las penitencias externas principalmente se hacen por tres efectos: el primero, por satisfacción de los pecados pasados; 2.º por vencer a sí mismo, es a saber, para que la sensualidad obedezca a la razón y todas partes inferiores estén más sujetas a las superiores; 3.º para buscar y hallar alguna gracia o don que la persona quiere y desea, así como si desea haber interna contrición de sus pecados, o llorar mucho sobre ellos, o sobre las penas y dolores que Cristo nuestro Señor pasaba en su pasión, o por solución de alguna dubitación en que la persona se halla.

88 2.ª nota. La 2.ª: es de advertir que la 1.ª y 2.ª adición se han de hacer para los ejercicios de la media noche y en amaneciendo, y no para los que se harán en otros tiempos; y la 4.ª adición nunca se hará en la iglesia delante de otros, sino en escondido, como en casa, etc.

89 3.ª nota. La 3.ª: cuando la persona que se ejercita aún no halla lo que desea, así como lágrimas, consolaciones, etc., muchas veces aprovecha hacer mudanza en el comer, en el dormir, y en otros modos de hacer penitencia; de manera que nos mudemos, haciendo dos o tres días penitencia, y otros dos o tres no; porque a algunos conviene hacer más penitencia, y a otros menos; y también porque muchas veces dejamos de hacer penitencia por el amor sensual y por juicio erróneo, que el sujeto humano no podrá tolerar sin notable enfermedad; y algunas veces, por el contrario, hacemos demasiado, pensando que al cuerpo pueda tolerar; y como Dios nuestro Señor en infinito conoce mejor nuestra natura, muchas veces en las tales mudanzas da a sentir a cada uno lo que le conviene.

90 4.ª nota. La 4.ª: el examen particular se haga para quitar defectos y negligencias sobre ejercicios y adiciones; y así en la 2.ª, 3.ª, y 4.ª semana.

Segunda semana

91 EL LLAMAMIENTO DEL REY TEMPORAL AYUDA A CONTEMPLAR LA VIDA DEL REY ETERNAL. Oración.

La oración preparatoria sea la sólita.

1.º preámbulo. El primer preámbulo es composición viendo el lugar, será aquí ver con la vista imaginativa sinagogas, villas y castillos, por donde Cristo nuestro Señor predicaba. 2.º preámbulo. El 2: demandar la gracia que quiero; será aquí pedir gracia a nuestro Señor para que no sea sordo a su llamamiento, mas presto y diligente para cumplir su santísima voluntad.

92 1.º punto. El primer punto es poner delante de mí un rey humano, elegido de mano de Dios nuestro Señor, a quien hacen reverencia y obedecen todos los príncipes y todos hombres cristianos.

93 2.º punto. El 2.º: mirar cómo este rey habla a todos los suyos, diciendo: Mi voluntad es de conquistar toda la tierra de infieles; por tanto, quien quisiere venir conmigo, ha de ser contento de comer como yo, y así de beber y vestir, etc.; asimismo ha de trabajar conmigo en el día y vigilar en la noche, etc.; porque así después tenga parte conmigo en la victoria, como la ha tenido en los trabajos.

94 3.º punto. El 3: considerar qué deben responder los buenos súbditos a rey tan liberal y tan humano: y, por consiguiente, si alguno no aceptase la petición de tal rey, cuánto

sería digno de ser vituperado por todo el mundo y tenido por perverso caballero.

95 En la 2.ª parte. La segunda parte deste ejercicio consiste en aplicar el sobredicho ejemplo del rey temporal a Cristo nuestro Señor, conforme a los tres puntos dichos. 1.º punto. Y cuanto al primer punto, si tal vocación consideramos del rey temporal a sus súbditos, cuánto es cosa más digna de consideración ver a Cristo nuestro Señor, rey eterno, y delante dél todo el universo mundo, al cual y a cada uno en particular llama y dice: Mi voluntad es de conquistar todo el mundo y todos los enemigos, y así entrar en la gloria de mi Padre; por tanto, quien quisiere venir conmigo, ha de trabajar conmigo, porque siguiéndome en la pena, también me siga en la gloria.

96 2.º punto. El 2.º: considerar que todos los que tuvieren juicio y razón, ofrecerán todas sus personas al trabajo.

97 3.º punto. El 3.º: los que más se querrán afectar y señalar en todo servicio de su rey eterno y Señor universal, no solamente ofrecerán sus personas al trabajo, mas aun haciendo contra su propia sensualidad y contra su amor carnal y mundano, harán oblaciones de mayor estima y mayor momento, diciendo:

98 Eterno Señor de todas las cosas, yo hago mi oblación, con vuestro favor y ayuda, delante vuestra infinita bondad, y delante vuestra Madre gloriosa, y de todos los santos y santas de la corte celestial, que yo quiero y deseo y es mi determinación deliberada, solo que sea vuestro mayor servicio y alabanza, de imitaros en pasar todas injurias y todo vituperio y

toda pobreza, así actual como espiritual, queriéndome vuestra santísima majestad elegir y recibir en tal vida y estado.

99 1.ª Nota. Este ejercicio se hará dos veces al día, es a saber, a la mañana en levantándose, y a una hora antes de comer o de cenar.

100 2.ª Nota. Para la segunda semana, y así para adelante, mucho aprovecha el leer algunos ratos en los libros de Imitatione Christi o de los Evangelios y de vidas de santos.

101 EL PRIMERO DÍA Y PRIMERA CONTEMPLACIÓN ES DE LA ENCARNACIÓN, Y CONTIENE EN SÍ LA ORACIÓN PREPARATORIA, 3 PREÁMBULOS Y 3 PUNTOS Y UN COLOQUIO. Oración. La sólita oración preparatoria.

102 1.º preámbulo. El primer preámbulo es traer la historia de la cosa que tengo de contemplar; que es aquí cómo las tres personas divinas miraban toda la planicie o redondez de todo el mundo llena de hombres, y cómo viendo que todos descendían al infierno, se determina en la su eternidad que la segunda persona se haga hombre, para salvar el género humano, y así venida la plenitud de los tiempos, enviando al ángel san Gabriel a nuestra Señora, n.º 262.

103 2.º preámbulo. El 2: composición viendo el lugar: aquí será ver la grande capacidad y redondez del mundo, en la cual están tantas y tan diversas gentes; asimismo, después, particularmente la casa y aposentos de nuestra Señora, en la ciudad de Nazaret, en la provincia de Galilea.

104 3.º preámbulo. El 3: demandar lo que quiero: será aquí demandar conocimiento interno del Señor, que por mí se ha hecho hombre, para que más le ame y le siga.

105 Nota. Conviene aquí notar que esta misma oración preparatoria sin mudarla, como está dicha en el principio, y los mismos tres preámbulos se han de hacer en esta semana y en las otras siguientes, mudando la forma, según la sujeta materia.

106 1.º punto. El primer punto es ver las personas, las unas y las otras; y primero las de la haz de la tierra, en tanta diversidad, así en trajes como en gestos: unos blancos y otros negros, unos en paz y otros en guerra, unos llorando y otros riendo, unos sanos, otros enfermos, unos naciendo y otros muriendo, etc. 2.º: ver y considerar las tres personas divinas como en el su solio real o trono de la su divina majestad, cómo miran toda la haz y redondez de la tierra y todas las gentes en tanta ceguedad, y cómo mueren y descienden al infierno. 3.º: ver a nuestra Señora y al ángel que la saluda, y reflitir para sacar provecho de la tal vista.

107 2.º punto. El 2.º: oír lo que hablan las personas sobre la haz de la tierra, es a saber, cómo hablan unos con otros, cómo juran y blasfeman, etc.; asimismo lo que dicen las personas divinas, es a saber: "Hagamos redención del género humano", etc.; y después lo que hablan el ángel y nuestra Señora; y reflitir después, para sacar provecho de sus palabras.

108 3.º punto. El 3.º: después mirar lo que hacen las personas sobre la haz de la tierra, así como herir, matar, ir al infierno, etc.; asimismo lo que hacen las personas divinas, es

a saber, obrando la santísima encarnación, etc.; y asimismo lo que hacen el ángel y nuestra Señora, es a saber, el ángel haciendo su oficio de legado, y nuestra Señora humillándose y haciendo gracias a la divina majestad, y después reflectir para sacar algún provecho de cada cosa destas.

109 Coloquio. En fin, hase de hacer un coloquio, pensando lo que debo hablar a las tres personas divinas o al Verbo eterno encarnado o a la Madre y Señora nuestra pidiendo según que en sí sintiere, para más seguir e imitar al Señor nuestro, así nuevamente encarnado, diciendo un Pater noster.

110 LA SEGUNDA CONTEMPLACIÓN ES DEL NACIMIENTO.

Oración. La sólita oración preparatoria.

111 1.º preámbulo. El primer preámbulo es la historia: y será aquí cómo desde Nazaret salieron nuestra Señora grávida quasi de nueve meses, como se puede meditar píamente asentada en una asna, y José y una ancila, levando un buey, para ir a Bethlén, a pagar el tributo que César echó en todas aquellas tierras, n.º 264.

112 2.º preámbulo. El 2.º: composición viendo el lugar; será aquí con la vista imaginativa ver el camino desde Nazaret a Bethlén, considerando la longura, la anchura, y si llano o si por valles o cuestas sea el tal camino; asimismo mirando el lugar o espelunca del nacimiento, cuán grande, cuán pequeño, cuán bajo, cuán alto, y cómo estaba aparejado.

113 3.º preámbulo. El 3.º será el mismo y por la misma forma que fue en la precedente contemplación.

114 1.º punto. El primer punto es ver las personas, es a saber, ver a nuestra Señora y a José y a la ancila y al niño Jesú después de ser nacido, haciéndome yo un pobrecito y esclavito indigno, mirándolos, contemplándolos y sirviéndolos en sus necesidades, como si presente me hallase, con todo acatamiento y reverencia posible; y después reflectir en mí mismo para sacar algún provecho.

115 2.º punto. El 2.º: mirar, advertir y contemplar lo que hablan; y reflitiendo en mí mismo, sacar algún provecho.

116 3.º punto. El 3.º: mirar y considerar lo que hacen, así como es el caminar y trabajar, para que el Señor sea nacido en suma pobreza, y a cabo de tantos trabajos, de hambre, de sed, de calor y de frío, de injurias y afrentas, para morir en cruz; y todo esto por mí; después reflitiendo sacar algún provecho espiritual.

117 Coloquio. Acabar con un coloquio, así como en la precedente contemplación y con un Pater noster.

118 LA TERCERA CONTEMPLACIÓN SERÁ REPETICIÓN DEL PRIMERO Y 2.º EJERCICIO. Después de la oración preparatoria y de los tres preámbulos se hará la repetición del primero y segundo ejercicio, notando siempre algunas partes más principales, donde haya sentido la persona algún conocimiento, consolación o desolación, haciendo asimismo un coloquio al fin y un Pater noster.

119 En esta repetición y en todas las siguientes se llevará la misma orden de proceder que se llevaba en las repeticiones de la primera semana, mudando la materia y guardando la forma.

120 LA CUARTA CONTEMPLACIÓN SERÁ REPETICIÓN DE LA 1.ª Y 2.ª, DE LA MISMA MANERA QUE SE HIZO EN LA SOBREDICHA REPETICIÓN.

121 LA QUINTA SERÁ TRAER LOS CINCO SENTIDOS SOBRE LA PRIMERA Y SEGUNDA CONTEMPLACIÓN. Oración. Después de la oración preparatoria y de los tres preámbulos, aprovecha el pasar de los cinco sentidos de la imaginación por la 1.ª y 2.ª contemplación de la manera siguiente.

122 1.º punto. El primer punto es ver las personas con la vista imaginativa, meditando y contemplando en particular sus circunstancias, y sacando algún provecho de la vista.

123 2.º punto. El 2.º: oír con el oído lo que hablan o pueden hablar, y reflitiendo en sí mismo, sacar dello algún provecho.

124 3.º punto. El 3.º: oler y gustar con el olfato y con el gusto la infinita suavidad y dulzura de la divinidad del ánima y de sus virtudes y de todo, según fuere la persona que se contempla, reflitiendo en sí mismo y sacando provecho dello.

125 4.º punto. El cuarto: tocar con el tacto, así como abrazar y besar los lugares donde las tales personas pisan y se asientan, siempre procurando de sacar provecho dello.

126 Coloquio. Acabarse ha con un coloquio, como en la primera y segunda contemplación, y con un Pater noster.

127 1.ª nota. Primera nota: es de advertir para toda esta semana y las otras siguientes, que solamente tengo de leer el misterio de la contemplación que inmediate tengo de hacer, de manera que por entonces no lea ningún misterio que aquel día o en aquella hora no haya de hacer, porque la consideración de un misterio no estorbe a la consideración del otro.

128 2.ª nota. La 2.ª: el primer ejercicio de la encarnación se hará a la media noche; el 2.º en amaneciendo; el 3.º a la hora de misa; el 4.º a la hora de vísperas, y el 5.º antes de la hora de cenar, estando por espacio de una hora en cada uno de los cinco ejercicios; y la misma orden se llevará en todo lo siguiente.

129 3.ª nota. La 3.ª: es de advertir que si la persona que hace los ejercicios es viejo o débil, o aunque fuerte, si de la 1.ª semana a quedado en alguna manera débil, es mejor que en esta 2.ª semana a lo menos algunas veces no se levantando a media noche, hacer a la mañana una contemplación, y otra a la hora de misa, y otra antes de comer, y sobre ellas una repetición a la hora de vísperas, y después el traer de los sentidos antes de cena.

130 4.ª nota. La cuarta: en esta segunda semana, en todas las diez adiciones, que se dijeron en la primera semana, se han de mudar la 2.ª, la 6.ª, la 7.ª, y en parte la 10.ª En la segunda será luego en despertándome poner enfrente de mí la contemplación que tengo de hacer, deseando más conocer el Verbo eterno encarnado, para más le servir y seguir. Y la 6.ª será traer en memoria frecuentemente la vida y misterios de

Cristo nuestro Señor, comenzando de su encarnación hasta el lugar o misterio que voy contemplando. Y la 7.ª será que tanto se debe guardar en tener oscuridad o claridad, usar de buenos temporales o diversos, cuanto sintiere que le puede aprovechar y ayudar para hallar lo que desea la persona que se ejercita. Y en la 10.ª adición el que se ejercita se debe haber según los misterios que contempla; porque algunos piden penitencia, y otros no; de manera que se hagan todas las diez adiciones con mucho cuidado.

131 5.ª nota. La quinta nota: en todos los ejercicios, dempto en el de la media noche y en el de la mañana, se tomará el equivalente de la 2.ª adición, de la manera que se sigue: luego en acordándome que es hora del ejercicio que tengo de hacer, antes que me vaya, poniendo delante de mí a donde voy y delante de quién, resumiendo un poco el ejercicio que tengo de hacer, y después haciendo la 3.ª adición entraré en el ejercicio.

132 2.º día. El segundo día, tomar por primera y segunda contemplación la presentación en el templo, n.º 268, y la huida como en destierro a Egipto, n.º 269, y sobre estas dos contemplaciones se harán dos repeticiones y el traer de los cinco sentidos sobre ellas de la misma manera que se hizo el día precedente.

133 Nota. Algunas veces aprovecha, aunque el que se ejercita sea recio y dispuesto, el mudarse desde este 2.º día hasta el 4.º inclusive para mejor hallar lo que desea, tomando sola una contemplación en amaneciendo y otra a la hora de misa, y repetir sobre ellas a la hora de vísperas, y traer los sentidos antes de cena.

134 3.º día. El tercero día, cómo el niño Jesú era obediente a sus padres en Nazaret, n.º 271, y cómo después le hallaron en el templo, n.º 272 y así consequenter hacer las dos repeticiones y traer los cinco sentidos.

135 PREÁMBULO PARA CONSIDERAR ESTADOS.

Preámbulo. Ya considerando el ejemplo que Cristo nuestro Señor nos ha dado para el primer estado, que es en custodia de los mandamientos, siendo él en obediencia a sus padres, y asimismo para el 2.º, que es de perfección evangélica, cuando quedó en el templo, dejando a su padre adoptivo y a su madre natural, por vacar en puro servicio de su Padre eterno; comenzaremos juntamente contemplando su vida, a investigar y a demandar en qué vida o estado de nosotros se quiere servir su divina majestad; y así para alguna introducción dello, en el primer ejercicio siguiente veremos la intención de Cristo nuestro Señor y, por el contrario, la del enemigo de natura humana; y cómo nos debemos disponer para venir en perfección en cualquier estado o vida que Dios nuestro Señor nos diere para elegir.

136 El cuarto día, Meditación de dos banderas, la una de Cristo, sumo capitán y Señor nuestro; la otra de Lucifer, mortal enemigo de nuestra humana natura. La sólita oración preparatoria.

137 1.º preámbulo. El primer preámbulo es la historia: será aquí cómo Cristo llama y quiere a todos debajo de su bandera, y Lucifer, al contrario, debajo de la suya.

138 2.º preámbulo. El 2.º: composición viendo el lugar; será aquí ver un gran campo de toda aquella región de Jerusalén, adonde el sumo capitán general de los buenos es Cristo nuestro Señor; otro campo en región de Babilonia, donde el caudillo de los enemigos es Lucifer.

139 3.º preámbulo. El 3.º: demandar lo que quiero; y será aquí pedir conocimiento de los engaños del mal caudillo y ayuda para dellos me guardar, y conocimiento de la vida verdadera que muestra el sumo y verdadero capitán, y gracia para le imitar.

140 1.º punto. El primer punto es imaginar así como si se asentase el caudillo de todos los enemigos en aquel gran campo de Babilonia, como en una grande cátedra de fuego y humo, en figura horrible y espantosa.

141 2.º punto. El 2.º: considerar cómo hace llamamiento de innumerables demonios y cómo los esparce a los unos en tal ciudad y a los otros en otra, y así por todo el mundo, no dejando provincias, lugares, estados, ni personas algunas en particular.

142 3.º punto. El 3.º: considerar el sermón que les hace, y cómo los amonesta para echar redes y cadenas; que primero hayan de tentar de codicia de riquezas, como suele, ut in pluribus, para que más fácilmente vengan a vano honor del mundo, y después a crecida soberbia; de manera que el primer escalón sea de riquezas, el 2.º de honor, el 3.º de soberbia, y destos tres escalones induce a todos los otros vicios.

143 Así por el contrario se ha de imaginar del sumo y verdadero capitán, que es Cristo nuestro Señor.

144 1.º punto. El primer punto es considerar cómo Cristo nuestro Señor se pone en un gran campo de aquella región de Jerusalén en lugar humilde, hermoso y gracioso.

145 2.º punto. El 2.º: considerar cómo el Señor de todo el mundo escoge tantas personas, apóstoles, discípulos, etc., y los envía por todo el mundo, esparciendo su sagrada doctrina por todos estados y condiciones de personas.

146 3.º punto. El 3.º: considerar el sermón que Cristo nuestro Señor hace a todos sus siervos y amigos, que a tal jornada envía, encomendándoles que a todos quieran ayudar en traerlos, primero a suma pobreza espiritual, y si su divina majestad fuere servida y los quisiere elegir, no menos a la pobreza actual; 2.º, a deseo de oprobios y menosprecios, porque destas dos cosas se sigue la humildad; de manera que sean tres escalones: el primero, pobreza contra riqueza; el 2.º, oprobio o menosprecio contra el honor mundano; el 3.º, humildad contra la soberbia; y destos tres escalones induzcan a todas las otras virtudes.

147 Coloquio. Un coloquio a nuestra Señora, porque me alcance gracia de su hijo y Señor, para que yo sea recibido debajo de su bandera, y primero en suma pobreza espiritual, y si su divina majestad fuere servido y me quisiere elegir y recibir, no menos en la pobreza actual; 2.º, en pasar oprobios y injurias por más en ellas le imitar, solo que las pueda pasar sin pecado de ninguna persona ni displacer de su divina majestad, y con esto una Ave María. 2.º coloquio. Pedir otro

tanto al Hijo, para que me alcance del Padre, y con esto decir Anima Christi. 3.º coloquio. Pedir otro tanto al Padre, para que él me lo conceda, y decir un Pater noster.

148 Nota. Este ejercicio se hará a media noche y despés otra vez a la mañana, y se harán dos repeticiones deste mismo a la hora de misa y a la hora de vísperas, siempre acabando con los tres coloquios de nuestra Señora, del Hijo y del Padre. Y el de los binarios que se sigue a la hora antes de cenar.

149 Cuarto día. El mismo cuarto día se haga meditación de tres binarios de hombres, para abrazar el mejor. Oración. La sólita oración preparatoria.

150 1.º preámbulo. El primer preámbulo es la historia, la cual es de tres binarios de hombres, y cada uno dellos ha adquirido diez mil ducados, no pura o débitamente por amor de Dios, y quieren todos salvarse y hallar en paz a Dios nuestro Señor, quitando de sí la gravedad e impedimento que tienen para ello en la afección de la cosa acquisita.

151 2.º preámbulo. El 2.º: composición viendo el lugar: será aquí ver a mí mismo, cómo estoy delante de Dios nuestro Señor y de todos sus santos, para desear y conocer lo que sea más grato a la su divina bondad.

152 3.º preámbulo. El 3.º: demandar lo que quiero: aquí será pedir gracia para elegir lo que más a gloria de su divina majestad y salud de mi ánima sea.

153 1.º binario. El primer binario querría quitar el afecto que a la cosa acquisita tiene, para hallar en paz a Dios nuestro

Señor, y saberse salvar, y no pone los medios hasta la hora de la muerte.

154 2.º binario. El 2.º quiere quitar el afecto, mas así le quiere quitar, que quede con la cosa acquisita, de manera que allí venga Dios donde él quiere, y no determina de dejarla, para ir a Dios, aunque fuese el mejor estado para él.

155 3.º binario. El 3.º quiere quitar el afecto, mas así le quiere quitar, que también no le tiene afección a tener la cosa acquisita o no la tener, sino quiere solamente quererla o no quererla, según que Dios nuestro Señor le pondrá en voluntad, y a la tal persona le parecerá mejor para servicio y alabanza de su divina majestad; y, entretanto quiere hacer cuenta que todo lo deja en afecto, poniendo fuerza de no querer aquello ni otra cosa ninguna, si no le moviere solo el servicio de Dios nuestro Señor, de manera que el deseo de mejor poder servir a Dios nuestro Señor le mueva a tomar la cosa o dejarla.

156 3 coloquios. Hacer los mismos tres coloquios que se hicieron en la contemplación precedente de las dos banderas 147.

157 Nota. Es de notar que cuando nosotros sentimos afecto o repugnancia contra la pobreza actual, cuando no somos indiferentes a pobreza o riqueza, mucho aprovecha para extinguir el tal afecto desordenado, pedir en los coloquios (aunque sea contra la carne) que el Señor le elija en pobreza actual; y que él quiere, pide y suplica, solo que sea servicio y alabanza de la su divina bondad.

158 Quinto día. EL QUINTO DÍA, contemplación sobre la partida de Cristo nuestro Señor desde Nazaret al río Jordán, y cómo fue bautizado, n.° 273.

159 1.ª nota. Esta contemplación se hará una vez a la media noche, y otra vez a la mañana, y dos repeticiones sobre ella a la hora de misa y vísperas, y antes de cena traer sobre ella los cinco sentidos; en cada uno destos cinco ejercicios preponiendo la sólita oración preparatoria y los tres preámbulos según que de todo esto está declarado en la contemplación de la encarnación y del nacimiento, y acabando con los tres coloquios de los tres binarios, o según la nota que se sigue después de los binarios.

160 2.ª nota. El examen particular después de comer y después de cenar se hará sobre las faltas y negligencias cerca los ejercicios y adiciones deste día, y así en los que se siguen.

161 Sexto día. EL SEXTO DÍA, contemplación cómo Cristo nuestro Señor fue desde el río Jordán al desierto inclusive, llevando en todo la misma forma que en el quinto. Séptimo día. EL SEPTIMO DÍA, cómo santo Andrés y otros siguieron a Cristo nuestro Señor, n.° 275. Octavo día. EL OCTAVO, del sermón del monte, que es de las ocho bienaventuranzas, n.° 278. Nono día. EL NONO, cómo Cristo nuestro Señor apareció a sus discípulos sobre las ondas de la mar, n.° 279. Décimo día. EL DÉCIMO, cómo el Señor predicaba en el templo, n.° 288. Undécimo día. EL UNDÉCIMO, de la resurrección de Lázaro, n.° 285. Duodécimo día. EL DUODÉCIMO, del día de ramos, n.° 287.

162 1.ª nota. La primera nota es que en las contemplaciones desta segunda semana, según que cada uno quiere poner

tiempo o según que se aprovechare, puede alongar o abreviar. Si alongar, tomando los misterios de la visitación de nuestra Señora a santa Elisabet, los pastores, la circuncisión del niño Jesú, y los tres reyes, y así de otros; y si abreviar, aun quitar de los que están puestos; porque esto es dar una introducción y modo para después mejor y más cumplidamente contemplar.

163 2.ª nota. La 2.ª: la materia de las elecciones se comenzará desde la contemplación de Nazaret a Jordán, tomando inclusive, que es el quinto día, según que se declara en lo siguiente.

164 3.ª nota. La 3.ª: antes de entrar en las elecciones, para hombre afectarse a la vera doctrina de Cristo nuestro Señor, aprovecha mucho considerar y advertir en las siguientes tres maneras de humildad, y en ellas considerando a ratos por todo el día, y asimismo haciendo los coloquios según que adelante se dirá.

165 1.ª humildad. La primera manera de humildad es necesaria para la salud eterna, es a saber, que así me baje y así me humille cuanto en mí sea posible, para que en todo obedezca a la ley de Dios nuestro Señor, de tal suerte que aunque me hiciesen Señor de todas las cosas criadas en este mundo, ni por la propia vida temporal, no sea en deliberar de quebrantar un mandamiento, quier divino, quier humano, que me obligue a pecado mortal.

166 2.ª humildad. La 2.ª es más perfecta humildad que la primera, es a saber, si yo me hallo en tal punto que no quiero ni me afecto más a tener riqueza que pobreza, a querer honor

que deshonor, a desear vida larga que corta, siendo igual servicio de Dios nuestro Señor y salud de mi ánima; y, con esto, que por todo lo criado ni porque la vida me quitasen, no sea en deliberar de hacer un pecado venial.

167 3.ª humildad. La 3.ª es humildad perfectísima, es a saber, cuando incluyendo la primera y segunda, siendo igual alabanza y gloria de la divina majestad, por imitar y parecer más actualmente a Cristo nuestro Señor, quiero y elijo más pobreza con Cristo pobre que riqueza, oprobios con Cristo lleno dellos que honores, y desear más de ser estimado por vano y loco por Cristo que primero fue tenido por tal, que por sabio ni prudente en este mundo.

168 Nota. Así para quien desea alcanzar esta tercera humildad, mucho aprovecha hacer los tres coloquios de los binarios ya dichos, pidiendo que el Señor nuestro le quiera elegir en esta tercera mayor y mejor humildad, para más le imitar y servir, si igual o mayor servicio y alabanza fuere a la su divina majestad.

Sobre la elección

169 PREÁMBULO PARA HACER ELECCIÓN.

1.º punto. En toda buena elección, en cuanto es de nuestra parte, el ojo de nuestra intención debe ser simple, solamente mirando para lo que soy criado, es a saber, para alabanza de Dios nuestro Señor y salvación de mi ánima; y así cualquier cosa que yo eligiere, debe ser a que me ayude para al fin para que soy criado, no ordenando ni trayendo el fin al medio, mas el medio al fin; así como acaece que muchos eligen primero casarse, lo cual es medio, y secundario servir a Dios nuestro Señor en el casamiento, el cual servir a Dios es fin. Asimismo hay otros que primero quieren haber beneficios y después servir a Dios en ellos. De manera que éstos no van derechos a Dios, mas quieren que Dios venga derecho a sus afecciones desordenadas y, por consiguiente, hacen del fin medio y del medio fin. De suerte que lo que habían de tomar primero, toman postrero; porque primero hemos de poner por objeto querer servir a Dios, que es el fin y secundario tomar beneficio o casarme, si más me conviene, que es el medio para el fin; así ninguna cosa me debe mover a tomar los tales medios o a privarme dellos, sino solo el servicio y alabanza de Dios nuestro Señor y salud eterna de mi ánima.

170 PARA TOMAR NOTICIA DE QUE COSAS SE DEBE HACER ELECCIÓN, Y CONTIENE EN SÍ CUATRO PUNTOS Y UNA NOTA. 1.º punto. El primer punto: es necesario que todas cosas, de las cuales queremos hacer elección, sean indiferentes o buenas en sí, y que militen dentro de la santa madre Iglesia jerárquica, y no malas ni repugnantes a ella.

171 2.º punto. Segundo: hay unas cosas que caen debajo de elección inmutable, así como son sacerdocio, matrimonio, etc.; hay otras que caen debajo de elección mutable, así como son tomar beneficios o dejarlos, tomar bienes temporales o lanzallos.

172 3.º punto. Tercero: en la elección inmutable, que ya una vez se ha hecho elección, no hay más que elegir, porque no se puede desatar, así como es matrimonio, sacerdocio, etc. Solo es de mirar que si no ha hecho elección debida y or-

denadamente, sin afecciones desordenadas, arrepintiéndose procure hacer buena vida en su elección; la cual elección no parece que sea vocación divina, por ser elección desordenada y obliga, como muchos en esto yerran haciendo de obliga o de mala elección vocación divina; porque toda vocación divina es siempre pura y limpia, sin mixtión de carne ni de otra afección alguna desordenada.

173 4.º punto. Cuarto: si alguno a hecho elección debida y ordenadamente de cosas que están debajo de elección mutable, y no llegando a carne ni a mundo, no hay para qué de nuevo haga elección, mas en aquélla perfeccionarse cuanto pudiere.

174 Nota. Es de advertir que si la tal elección mutable no se ha hecho sincera y bien ordenada, entonces aprovecha hacer la elección debidamente, quien tuviere deseo que dél salgan frutos notables y muy apacibles a Dios nuestro Señor.

175 TRES TIEMPOS PARA HACER SANA Y BUENA ELECCIÓN EN CADA UNO DELLOS. 1.º tiempo. El primer tiempo es cuando Dios nuestro Señor así mueve y atrae la voluntad, que sin dubitar ni poder dubitar, la tal ánima devota sigue a lo que es mostrado; así como san Pablo y san Mateo lo hicieron en seguir a Cristo nuestro Señor.

176 2.º tiempo. El segundo: cuando se toma asaz claridad y conocimiento, por experiencia de consolaciones y desolaciones, y por experiencia de discreción de varios espíritus.

177 3.º tiempo. El tercero tiempo es tranquilo, considerando primero para qué es nacido el hombre, es a saber, para alabar

a Dios nuestro Señor y salvar su ánima, y esto deseando elige por medio una vida o estado dentro de los límites de la Iglesia, para que sea ayudado en servicio de su Señor y salvación de su ánima. Dije tiempo tranquillo cuando el ánima no es agitada de varios espíritus y usa de sus potencias naturales líbera y tranquilamente.

178 Si en el primero o segundo tiempo no se hace elección, síguense cerca este tercero tiempo dos modos para hacerla.

EL PRIMER MODO PARA HACER SANA Y BUENA ELECCIÓN CONTIENE EN SÍ SEIS PUNTOS. 1.º punto. El primer punto es proponer delante la cosa sobre que quiero hacer elección, así como un oficio o beneficio para tomar o dejar, o de otra cualquier cosa que cae en elección mutable.

179 2.º punto. Segundo: es menester tener por objeto el fin para que soy criado, que es para alabar a Dios nuestro Señor y salvar mi ánima; y con esto hallarme indiferente sin afección alguna desordenada, de manera que no esté más inclinado ni afectado a tomar la cosa propuesta, que a dejarla, ni más a dejarla que a tomarla; mas que me halle como en medio de un peso para seguir aquello que sintiere ser más en gloria y alabanza de Dios nuestro Señor y salvación de mi ánima.

180 3.º punto. Tercero: pedir a Dios nuestro Señor quiera mover mi voluntad y poner en mi ánima lo que yo debo hacer acerca de la cosa propósita, que más su alabanza y gloria sea, discurriendo bien y fielmente con mi entendimiento y eligiendo conforme su santísima y beneplácita voluntad.

181 4.º punto. Cuarto: considerar raciocinando cuántos cómodos o provechos se me siguen con el tener el oficio o beneficio propuesto, para sola la alabanza de Dios nuestro Señor y salud de mi ánima; y, por el contrario, considerar asimismo los incómodos y peligros que hay en el tener. Otro tanto haciendo en la segunda parte, es a saber, mirar los cómodos y provechos en el no tener; y asimismo por el contrario, los incómodos y peligros en el mismo no tener.

182 5.º punto. Quinto: después que así he discurrido y raciocinado a todas partes sobre la cosa propósita, mirar dónde más la razón se inclina, y así según la mayor moción racional, y no moción alguna sensual, se debe hacer deliberación sobre la cosa propósita.

183 6.º punto. Sexto: hecha la tal elección o deliberación, debe ir la persona que tal ha hecho, con mucha diligencia, a la oración delante de Dios nuestro Señor y ofrecerle la tal elección para que su divina majestad la quiera recibir y confirmar, siendo su mayor servicio y alabanza.

184 EL SEGUNDO MODO PARA HACER SANA Y BUENA ELECCIÓN CONTIENE EN SÍ CUATRO REGLAS Y UNA NOTA. 1.ª regla. La primera es que aquel amor que me mueve y me hace elegir la tal cosa, descienda de arriba del amor de Dios, de forma que el que elige sienta primero en sí que aquel amor más o menos que tiene a la cosa que elige es solo por su Criador y Señor.

185 2.ª regla. La 2.ª: mirar a un hombre que nunca he visto ni conocido, y deseando yo toda su perfección, considerar lo que yo le diría que hiciese y eligiese para mayor gloria de

Dios nuestro Señor y mayor perfección de su ánima, y haciendo yo asimismo, guardar la regla que para el otro pongo.

186 3.ª regla. La 3.ª: considerar como si estuviese en el artículo de la muerte, la forma y medida que entonces querría haber tenido en el modo de la presente elección, y reglándome por aquella, haga en todo la mi determinación.

187 4.ª regla. La 4.ª: mirando y considerando cómo me hallaré el día del juicio, pensar cómo entonces querría haber deliberado acerca la cosa presente; y la regla que entonces querría haber tenido, tomarla agora, porque entonces me halle con entero placer y gozo.

188 Nota. Tomadas las reglas sobredichas para mi salud y quietud eterna, haré mi elección y oblación a Dios nuestro Señor, conforme al sexto punto del primer modo de hacer elección.

189 PARA ENMENDAR Y REFORMAR LA PROPIA VIDA Y ESTADO. Es de advertir que acerca de los que están constituidos en prelatura o en matrimonio (quier abunden mucho de los bienes temporales, quier no), donde no tienen lugar o muy pronta voluntad para hacer elección de las cosas que caen debajo de elección mutable, aprovecha mucho, en lugar de hacer elección, dar forma y modo de enmendar y reformar la propia vida y estado de cada uno dellos, es a saber, poniendo su creación, vida y estado para gloria y alabanza de Dios nuestro Señor y salvación de su propia ánima. Para venir y llegar a este fin, debe mucho considerar y ruminar por los ejercicios y modos de elegir, según que está declarado, cuánta casa y familia debe tener, cómo la debe regir y

gobernar, cómo la debe enseñar con palabra y con ejemplo; asimismo de sus facultades cuánta debe tomar para su familia y casa, y cuánta para dispensar en pobres y en otras cosas pías, no queriendo ni buscando otra cosa alguna sino en todo y por todo mayor alabanza y gloria de Dios nuestro Señor. Porque piense cada uno que tanto se aprovechará en todas cosas espirituales, cuanto saliere de su propio amor, querer y interese.

190 1.º día. LA PRIMERA CONTEMPLACIÓN, A LA MEDIA NOCHE, ES COMO CRISTO NUESTRO SEÑOR FUE DESDE BETANIA PARA JERUSALÉN A LA ÚLTIMA CENA INCLUSIVE, NÚM. 289, Y CONTIENE EN SÍ LA ORACIÓN PREPARATORIA, 3 PREÁMBULOS, 6 PUNTOS Y UN COLOQUIO. Oración. La sólita oración preparatoria.

191 1.º preámbulo. El primer preámbulo es traer la historia, que es aquí cómo Cristo nuestro Señor desde Betania envió dos discípulos a Jerusalén a aparejar la cena, y después él mismo fue a ella con los otros discípulos; y cómo después de haber comido el cordero pascual y haber cenado, les lavó los pies, y dio su santísimo cuerpo y preciosa sangre a sus discípulos, y les hizo un sermón después que fue Judas a vender a su Señor.

192 2.º preámbulo. El segundo, composición viendo el lugar: será aquí considerar el camino desde Betania a Jerusalén, si ancho, si angosto, si llano, etc. Asimismo el lugar de la cena, si grande, si pequeño, si de una manera o si de otra.

193 3.º preámbulo. El tercero, demandar lo que quiero: será aquí dolor, sentimiento y confusión, porque por mis pecados va el Señor a la pasión.

194 1.º punto. El primer punto es ver las personas de la cena, y reflitiendo en mí mismo, procurar de sacar algún provecho dellas. 2.º punto. El segundo: oír lo que hablan, y asimismo

sacar algún provecho dello. 3.º punto. El 3: mirar lo que hacen y sacar algún provecho.

195 4.º punto. El 4: considerar lo que Cristo nuestro Señor padece en la humanidad o quiere padecer, según el paso que se contempla; y aquí comenzar con mucha fuerza y esforzarme a doler, tristar y llorar, y así trabajando por los otros puntos que se siguen.

196 5.º punto. El 5: considerar cómo la Divinidad se esconde es a saber, cómo podría destruir a sus enemigos, y no lo hace, y cómo deja padecer la sacratísima humanidad tan crudelísimamente.

197 6.º punto. El sexto: considerar cómo todo esto padece por mis pecados, etc., y qué debo yo hacer y padecer por él.

198 Coloquio. Acabar con un coloquio a Cristo nuestro Señor, y al fin con un Pater noster.

199 Nota. Es de advertir, como antes y en parte está declarado, que en los coloquios debemos de razonar y pedir según la sujeta materia, es a saber, según que me hallo tentado o consolado, y según que deseo haber una virtud o otra, según que quiero disponer de mí a una parte o a otra, según que quiero dolerme o gozarme de la cosa que contemplo, finalmente pidiendo aquello que más eficazmente cerca algunas cosas particulares deseo; y desta manera puede hacer un solo coloquio a Cristo nuestro Señor o si la materia o la devoción le conmueve, puede hacer tres coloquios, uno a la Madre, otro al Hijo, otro al Padre, por la misma forma que está dicho en

la segunda semana en la meditación de los dos binarios, con la nota que se sigue a los binarios.

200 SEGUNDA CONTEMPLACIÓN A LA MAÑANA SERÁ DESDE LA CENA AL HUERTO INCLUSIVE. Oración. La sólita oración preparatoria.

201 1.º preámbulo. El primer preámbulo es la historia: y será aquí, cómo Cristo nuestro Señor descendió con sus once discípulos desde el monte Sión, donde hizo la cena, para el valle de Josaphar dejando los ocho en una parte del valle y los otros tres en una parte del huerto, y poniéndose en oración suda sudor como gotas de sangre; y después que tres veces hizo oración al Padre, y despertó a sus tres discípulos, y después que a su voz cayeron los enemigos, y Judas dándole la paz y san Pedro derrocando la oreja a Malco, y Cristo poniéndosela en su lugar, seyendo preso como malhechor, le llevan el valle abajo y después la cuesta arriba para la casa de Anás.

202 2.º preámbulo. El segundo es ver el lugar: será aquí considerar el camino desde monte Sión al valle de Josaphar, y asimismo el huerto, si ancho, si largo, si de una manera, si de otra.

203 3.º preámbulo. El tercero es demandar lo que quiero, lo cual es propio de demandar en la pasión, dolor con Cristo doloroso, quebranto con Cristo quebrantado, lágrimas, pena interna de tanta pena que Cristo pasó por mí.

204 1.ª nota. En esta segunda contemplación, después que está puesta la oración preparatoria con los tres preámbulos

ya dichos, se terná la misma forma de proceder por los puntos y coloquio que se tuvo en la primera contemplación de la cena; y a la hora de misa y vísperas, se harán dos repeticiones sobre la primera y segunda contemplación, y después antes de cena se traerán los sentidos sobre las dos sobredichas contemplaciones, siempre preponiendo la oración preparatoria y los tres preámbulos, según la sujeta materia, de la misma forma que está dicho y declarado en la segunda semana.

205 2.ª nota. Según la edad, disposición y temperatura ayuda a la persona que se ejercita, hará cada día los cinco ejercicios o menos.

206 3.ª nota. En esta tercera semana se mudarán en parte la segunda y sexta adición; la segunda será, luego en despertándome, poniendo delante de mí a donde voy y a qué, resumiendo un poco la contemplación que quiero hacer, según el misterio fuere esforzándome, mientras me levanto y me visto, en entristecerme y dolerme de tanto dolor y de tanto padecer de Cristo nuestro Señor. La sexta se mudará no procurando de traer pensamientos alegres, aunque buenos y santos, así como son de resurrección y de gloria, mas antes induciendo a mí mismo a dolor y a pena y quebranto, trayendo en memoria frecuente los trabajos, fatigas y dolores de Cristo nuestro Señor, que pasó desde el punto que nació hasta el misterio de la pasión en que al presente me hallo.

207 4.ª nota. El examen particular sobre los ejercicios y adiciones presentes se hará, así como se ha hecho en la semana pasada.

208 2.º día. EL SEGUNDO DÍA a la media noche, la contemplación será desde el huerto a casa de Anás, inclusive, n.º 291, y a la mañana de casa de Anás a casa de Caifás, inclusive, n.º 292, después las dos repeticiones y el traer de los sentidos, según que está ya dicho. 3.º día. EL TERCERO DÍA a la media noche, de casa de Caifás a Pilato, inclusive, n.º 293, y a la mañana de Pilato a Herodes, inclusive, n.º 294, y después las repeticiones y sentidos por la misma forma que está ya dicho. 4.º día. EL CUARTO DÍA a la media noche, de Herodes a Pilato, n.º 295, haciendo y contemplando hasta la mitad de los misterios de la misma casa de Pilato, y después, en el ejercicio de la mañana, los otros misterios que quedaron de la misma casa, y las repeticiones y los sentidos como está dicho. 5.º día. EL QUINTO DÍA a la media noche, de casa de Pilato hasta ser puesto en cruz, n.º 296, y a la mañana, desde que fue alzado en cruz hasta que espiró, n.º 297, después las dos repeticiones y los sentidos. 6.º día. EL SEXTO DÍA a la media noche, desde la cruz, descendiéndole hasta el monumento exclusive, n.º 298, y a la mañana, desde el monumento inclusive hasta la casa donde Nuestra Señora fue después de sepultado su Hijo. 7.º día. EL SEPTIMO DÍA, contemplación de toda la pasión junta en el ejercicio de la media noche y de la mañana, y en lugar de las dos repeticiones y de los sentidos, considerar todo aquel día, cuanto más frecuente podrá, cómo el cuerpo sacratísimo de Cristo nuestro Señor quedó desatado y apartado del ánima, y dónde y cómo sepultado. Asimismo considerando la soledad de Nuestra Señora con tanto dolor y fatiga; después, por otra parte, la de los discípulos.

209 Nota. Es de notar que quien más se quiere alargar en la pasión, ha de tomar en cada contemplación menos misterios,

es a saber, en la primera contemplación solamente la cena; en la 2.ª el lavar los pies; en la 3.ª el darles el sacramento; en la 4.ª el sermón que Cristo les hizo, y así por las otras contemplaciones y misterios. Asimismo, después de acabada la pasión, tome un día entero la mitad de toda la pasión, y el 2 día la otra mitad, y el 3 día toda la pasión. Por el contrario, quien quisiere más abreviar en la pasión, tome a la media noche la cena; a la mañana, el huerto; a la hora de misa, la casa de Anás; a la hora de vísperas, la casa de Caifás; en lugar de la hora antes de cena, la casa de Pilato; de manera que no haciendo repeticiones ni el traer de los sentidos, haga cada día cinco ejercicios distintos, y en cada uno ejercicio distinto misterio de Cristo nuestro Señor; y después de así acabada toda la pasión, puede hacer otro día toda la pasión junta en un ejercicio o en diversos, como más le parecerá que aprovecharse podrá.

Sobre el comer

210 REGLAS PARA ORDENARSE EN EL COMER PARA ADELANTE.

1.ª regla. La primera regla es, que del pan conviene menos abstenerse, porque no es manjar sobre el cual el apetito se suele tanto desordenar, o a que la tentación insista como a los otros manjares.

211 2.ª regla. La segunda: acerca del beber parece más cómoda la abstinencia, que no acerca el comer del pan; por tanto, se debe mucho mirar lo que hace provecho, para admitir y lo que hace daño, para lanzallo.

212 3.ª regla. La tercera: acerca de los manjares se debe tener la mayor y más entera abstinencia; porque así el apetito en desordenarse como la tentación en investigar son más prontos en esta parte, y así la abstinencia en los manjares para evitar desorden, se puede tener en dos maneras: la una en habituarse a comer manjares gruesos, la otra, si delicados, en poca cuantidad.

213 4.ª regla. La cuarta: guardándose que no caiga en enfermedad, cuanto más hombre quitare de lo conveniente, alcanzará más presto el medio que debe tener en su comer y beber, por dos razones: la primera, porque así ayudándose y disponiéndose, muchas veces sentirá más las internas noticias, consolaciones y divinas inspiraciones para mostrársele el medio que le conviene; la segunda, si la persona se ve en la tal abstinencia, y no con tanta fuerza corporal ni disposición para los ejercicios espirituales fácilmente vendrá a juzgar lo que conviene más a su sustentación corporal.

214 5.ª regla. La quinta: mientras la persona come, considere como que ve a Cristo nuestro Señor comer con sus apóstoles, y cómo bebe, y cómo mira, y cómo habla; y procure de imitarle. De manera que la principal parte del entendimiento se ocupe en la consideración de nuestro Señor, y la menor en la sustentación corporal, porque así tome mayor concierto y orden de cómo se debe haber y gobernar.

215 6.ª regla. La sexta: otra vez mientras come, puede tomar otra consideración o de vida de santos o de alguna pía contemplación o de algún negocio espiritual que haya de hacer;

porque estando en la tal cosa atento, tomará menos delectación y sentimiento en el manjar corporal.

216 7.ª regla. La séptima: sobre todo se guarde que no esté
todo su ánimo intento en lo que come, ni en el comer vaya
apresurado por el apetito; sino que sea Señor de sí, así en la
manera del comer, como en la cuantidad que come.

217 8.ª regla. La octava: para quitar desorden mucho aprovecha que después de comer o después de cenar o en otra
hora que no sienta apetito de comer, determine consigo para
la comida o cena por venir, y así consequenter cada día, la
cantidad que conviene que coma; de la cual por ningún apetito ni tentación pase adelante, sino antes por más vencer todo
apetito desordenado y tentación del enemigo, si es tentado a
comer más, coma menos.

Cuarta semana

218 LA PRIMERA CONTEMPLACIÓN COMO CRISTO NUESTRO SEÑOR APARECIÓ A NUESTRA SEÑORA, NÚM. 299. Oración. La sólita oración preparatoria.

219 1.° preámbulo. El primer preámbulo es la historia, que es aquí cómo después que Cristo espiró en la cruz, y el cuerpo quedó separado del ánima y con él siempre unida la Divinidad, la ánima beata descendió al infierno, asimismo unida con la Divinidad; de donde sacando a las ánimas justas y viniendo al sepulcro y resucitado, apareció a su bendita Madre en cuerpo y en ánima.

220 2.° preámbulo. El 2.°: composición viendo el lugar, que será aquí, ver la disposición del santo sepulcro, y el lugar o casa de nuestra Señora, mirando las partes della en particular, asimismo la cámara, oratorio, etc..

221 3.° preámbulo. El tercero: demandar lo que quiero, y será aquí pedir gracia para me alegrar y gozar intensamente de tanta gloria y gozo de Cristo nuestro Señor.

222 1.° punto. 2.° punto. 3.° punto. El primero, 2.° y 3.° punto sean los mismos sólitos que tuvimos en la cena de Cristo nuestro Señor, n.° 190.

223 4.° punto. El cuarto: considerar cómo la Divinidad, que parecía esconderse en la pasión, parece y se muestra agora tan miraculosamente en la santísima resurrección, por los verdaderos y santísimos efectos della.

224 5.º punto. El quinto: mirar el oficio de consolar, que Cristo nuestro Señor trae, y comparando cómo unos amigos suelen consolar a otros.

225 Coloquio. Acabar con un coloquio o coloquios, según sujeta materia y un Pater noster.

226 1.ª nota. En las contemplaciones siguientes se proceda por todos los misterios de la resurrección, de la manera que abajo se sigue, hasta la ascensión inclusive, llevando y teniendo en lo restante la misma forma y manera en toda la semana de la resurrección que se tuvo en toda la semana de la pasión. De suerte que por esta primera contemplación de la resurrección se rija en cuanto los preámbulos, según sujeta materia; y en cuanto los cinco puntos sean los mismos; y las adiciones que están abajo sean las mismas; y así en todo lo que resta se puede regir por el modo de la semana de la pasión, así como en repeticiones, cinco sentidos, en acortar o alargar los misterios, etc.

227 2.ª nota. La segunda nota: comúnmente en esta cuarta semana es más conveniente que en las otras tres pasadas, hacer cuatro ejercicios y no cinco: el primero, luego en levantando a la mañana; el 2 a la hora de misa o antes de comer, en lugar de la primera repetición; el 3 a la hora de vísperas en lugar de la segunda repetición; el 4 antes de cenar, trayendo los cinco sentidos sobre los tres ejercicios del mismo día, notando y haciendo pausa en las partes más principales, y donde haya sentido mayores mociones y gustos espirituales.

228 3.ª nota. La tercera, dado que en todas las contemplaciones se dieron tantos puntos por número cierto, así como tres o cinco, etc., la persona que contempla puede poner más o menos puntos, según que mejor se hallare; para lo cual mucho aprovecha antes de entrar en la contemplación conjeturar y señalar los puntos, que ha de tomar en cierto número.

229 4.ª nota. En esta 4.ª semana en todas las diez adiciones se han de mudar la 2.ª, la 6.ª, la 7.ª, y la 10.ª La 2.ª será luego en despertándome, poner enfrente la contemplación que tengo de hacer, queriéndome afectar y alegrar de tanto gozo y alegría de Cristo nuestro Señor. La 6.ª traer a la memoria y pensar cosas motivas a placer, alegría y gozo espiritual, así como de gloria. La 7.ª usar de claridad o de temporales cómodos, así como en el verano de frescura, y en el invierno de Sol o calor, en cuanto el ánima piensa o coniecta que la puede ayudar, para se gozar en su Criador y Redentor. La 10.ª, en lugar de la penitencia, mire la temperancia y todo medio, si no es en preceptos de ayunos o abstinencias que la Iglesia mande, porque aquellos siempre se han de cumplir, si no fuere justo impedimento.

Contemplación amor

230 CONTEMPLACIÓN PARA ALCANZAR AMOR.

Nota. Primero conviene advertir en dos cosas:

La primera es que el amor se debe poner más en las obras que en las palabras.

231 La 2.ª, el amor consiste en comunicación de las dos partes, es a saber, en dar y comunicar el amante al amado lo que tiene o de lo que tiene o puede, y así, por el contrario, el amado al amante; de manera que si el uno tiene ciencia, dar al que no la tiene, si honores, si riquezas, y así el otro al otro. Oración. Oración sólita.

232 1.º preámbulo. Primer preámbulo es composición, que es aquí ver cómo estoy delante de Dios nuestro Señor, de los ángeles, de los santos interpelantes por mí.

233 2.º preámbulo. El segundo, pedir lo que quiero: será aquí pedir conocimiento interno de tanto bien recibido, para que yo enteramente reconociendo, pueda en todo amar y servir a su divina majestad.

234 1.º punto. El primer punto es traer a la memoria los beneficios recibidos de creación, redención y dones particulares, ponderando con mucho afecto cuánto ha hecho Dios nuestro Señor por mí y cuánto me ha dado de lo que tiene y consequenter el mismo Señor desea dárseme en cuanto puede según su ordenación divina. Y con esto reflectir, en mí mismo, considerando con mucha razón y justicia lo que yo debo de mi parte ofrecer y dar a la su divina majestad, es a saber, todas mis cosas y a mí mismo con ellas, así como quien ofrece afectándose mucho: Tomad, Señor, y recibid toda mi libertad, mi memoria, mi entendimiento y toda mi voluntad, todo mi haber y mi poseer; Vos me lo distes, a Vos, Señor, lo torno; todo es vuestro, disponed a toda vuestra voluntad; dadme vuestro amor y gracia, que ésta me basta.

235 El segundo mirar cómo Dios habita en las criaturas, en los elementos dando ser, en las plantas vegetando, en los animales sensando, en los hombres dando entender; y así en mí dándome ser, animando, sensando, y haciéndome entender; asimismo haciendo templo de mí seyendo criado a la similitud y imagen de su divina majestad; otro tanto reflitiendo en mí mismo, por el modo que está dicho en el primer punto o por otro que sintiere mejor. De la misma manera se hará sobre cada punto que se sigue.

236 El tercero considerar cómo Dios trabaja y labora por mí en todas cosas criadas sobre la haz de la tierra, id est, habet se ad modum laborantis. Así como en los cielos, elementos, plantas, frutos, ganados, etc., dando ser, conservando, vegetando y sensando, etc. Después reflectir en mí mismo.

237 El cuarto: mirar cómo todos los bienes y dones descienden de arriba, así como la mi medida potencia de la suma y infinita de arriba, y así justicia, bondad, piedad, misericordia, etc., así como del Sol descienden los rayos, de la fuente las aguas, etc. Después acabar reflictiendo en mí mismo según está dicho. Acabar con un coloquio y un Pater noster.

Modos de orar

238 TRES MODOS DE ORAR, Y 1.º SOBRE MANDA-
MIENTOS.

La primera manera de orar es cerca de los diez mandamientos, y de los siete pecados mortales, de las tres potencias del ánima, y de los cinco sentidos corporales; la cual manera de orar es más dar forma, modo y ejercicios, cómo el ánima se apareje y aproveche en ellos, y para que la oración sea acepta, que no dar forma ni modo alguno de orar.

239 Primeramente se haga el equivalente de la 2.ª adición de la 2.ª semana, es a saber, ante de entrar en la oración repose un poco el espíritu asentándose o paseándose, como mejor le parecerá, considerando a dónde voy y a qué: y esta misma adición se hará al principio de todos modos de orar.

240 Oración. Una oración preparatoria, así como pedir gracia a Dios nuestro Señor, para que pueda conocer en lo que he faltado acerca los diez mandamientos, y asimismo pedir gracia y ayuda para me enmendar adelante, demandando perfecta inteligencia dellos para mejor guardallos, y para mayor gloria y alabanza de su divina majestad.

241 Para el primer modo de orar conviene considerar y pensar en el primer mandamiento cómo le he guardado, y en qué he faltado, teniendo regla por espacio de quien dice tres veces Pater noster y tres veces Ave María, y si en este tiempo hallo faltas mías, pedir venia y perdón dellas, y decir un Pater noster; y desta misma manera se haga en cada uno de todos los diez mandamientos.

242 1.ª nota. Es de notar que cuando hombre viniere a pensar en un mandamiento, en el cual halla que no tiene hábito ninguno de pecar, no es menester que se detenga tanto tiempo; mas según que hombre halla en sí que más o menos estropieza en aquel mandamiento, así debe más o menos detenerse en la consideración y escrutinio dél, y lo mismo se guarde en los pecados mortales.

243 2.ª nota. Después de acabado el discurso ya dicho sobre todos los mandamientos, acusándome en ellos, y pidiendo gracia y ayuda para enmendarme adelante, hase de acabar con un coloquio a Dios nuestro Señor según sujeta materia.

244 2.º SOBRE PECADOS MORTALES.

Acerca de los siete pecados mortales, después de la adición, se haga la oración preparatoria, por la manera ya dicha, solo mudando que la materia aquí es de pecados que se han de evitar, y antes era de mandamientos, que se han de guardar, y asimismo se guarde la orden y regla ya dicha y el coloquio.

245 Para mejor conocer las faltas hechas en los pecados mortales, mírense sus contrarios, y así para mejor evitarlos proponga y procure la persona con santos ejercicios adquirir y tener las siete virtudes a ellos contrarias.

246 3 SOBRE LAS POTENCIAS DEL ÁNIMA.

Modo. En las tres potencias del ánima se guarde la misma orden y regla que en los mandamientos, haciendo su adición, oración preparatoria y coloquio.

247 4 SOBRE LOS CINCO SENTIDOS CORPORALES.

Modo. Cerca los cinco sentidos corporales se tendrá siempre la misma orden, mudando la materia dellos.

248 Nota. Quien quiere imitar en el uso de sus sentidos a Cristo nuestro Señor, encomiéndese en la oración preparato-

ria a su divina majestad; y después de considerado en cada un sentido, diga un Ave María o un Pater noster, y quien quisiere imitar en el uso de los sentidos a nuestra Señora, en la oración preparatoria se encomiende a ella, para que le alcance gracia de su Hijo y Señor para ello; y después de considerado en cada un sentido, diga un Ave María.

249 SEGUNDO MODO DE ORAR ES CONTEMPLANDO LA SIGNIFICACIÓN DE CADA PALABRA DE LA ORACIÓN.

250 Adición. La misma adición que fue en el primer modo de orar (n.º 239) será en este segundo.

251 Oración. La oración preparatoria se hará conforme a la persona a quien se endereza la oración.

252 2.º modo de orar. El segundo modo de orar es que la persona, de rodillas o asentado, según la mayor disposición en que se halla y más devoción le acompaña, teniendo los ojos cerrados o hincados en un lugar sin andar con ellos variando, diga Pater, y esté en la consideración desta palabra tanto tiempo, cuanto halla significaciones, comparaciones, gustos y consolación en consideraciones pertinentes a la tal palabra, y de la misma manera haga en cada palabra del Pater noster o de otra oración cualquiera que desta manera quisiere orar.

253 1.ª regla. La primera regla es que estará de la manera ya dicha una hora en todo el Pater noster, el cual acabado dirá un Ave María, Credo, Anima Christi y Salve Regina vocal o mentalmente, según la manera acostumbrada.

254 2.ª regla. La segunda regla es que si la persona que contempla el Pater noster hallare en una palabra o en dos tan buena materia que pensar y gusto y consolación, no se cure pasar adelante, aunque se acabe la hora en aquello que halla, la cual acabada, dirá la resta del Pater noster en la manera acostumbrada.

255 3.ª regla. La tercera es, que si en una palabra o dos del Pater noster se detuvo por una hora entera, otro día cuando querrá tornar a la oración, diga la sobredicha palabra o las dos según que suele; y en la palabra que se sigue inmediatamente comience a contemplar, según que se dijo en la segunda regla.

256 1.ª nota. Es de advertir que acabado el Pater noster en uno o en muchos días, se ha de hacer lo mismo con el Ave María y después con las otras oraciones, de forma que por algún tiempo siempre se ejercite en una dellas.

257 2.ª nota. La 2.ª nota es que acabada la oración, en pocas palabras convirtiéndose a la persona a quien ha orado, pida las virtudes o gracias de las cuales siente tener más necesidad.

258 TERCER MODO DE ORAR SERÁ POR COMPÁS.

Adición. La adición será la misma que fue en el primero y segundo modo de orar. Oración. La oración preparatoria será como en el segundo modo de orar. 3.º modo de orar. El tercero modo de orar es que con cada un anhélito o resollo se ha de orar mentalmente diciendo una palabra del Pater noster o de otra oración que se rece, de manera que una sola palabra se diga entre un anhélito y otro, y mientras durare el tiempo de un anhélito a otro, se mire principalmente en la significación de la tal palabra, o en la persona a quien reza, o en la bajeza de sí mismo, o en la diferencia de tanta alteza a tanta bajeza propia; y por la misma forma y regla procederá en las otras palabras del Pater noster; y las otras oraciones, es a saber: Ave María, Anima Christi, Credo y Salve Regina hará según que suele.

259 1.ª regla. La primera regla es que en el otro día o en otra hora que quiera orar, diga el Ave María por compás, y las otras oraciones según que suele, y así consecuentemente procediendo por las otras.

260 2.ª regla. La segunda es que quien quisiere detenerse más en la oración por compás, puede decir todas las sobredichas oraciones o parte dellas llevando la misma orden del anhélito por compás, como está declarado.

Misterios vida Cristo

261 LOS MISTERIOS DE LA VIDA DE CRISTO NUES-TRO SEÑOR. Nota. Es de advertir en todos los misterios siguientes, que todas las palabras que están inclusas en paréntesis son del mismo Evangelio, y no las que están de fuera; y en cada misterio por la mayor parte hallarán tres puntos para meditar y contemplar en ellos con mayor facilidad.

262 DE LA ANUNCIACIÓN DE NUESTRA SEÑORA ES-CRIBE SAN LUCAS EN EL PRIMERO CAPÍTULO, V. 26-38. 1.º El primer punto es que el ángel san Gabriel, saludando a nuestra Señora, le significó la concepción de Cristo nuestro

Señor. (Entrando el ángel adonde estaba María, la saludó, diciéndole: Dios te salve, llena de gracia; concebirás en tu vientre y parirás un hijo). 2.° El segundo: confirma el ángel lo que dijo a nuestra Señora, significando la concepción de san Juan Bautista, diciéndole: (Y mira que Elisabet, tu parienta, ha concebido un hijo en su vejez). 3.° El tercio: respondió al ángel nuestra Señora: (He aquí la sierva del Señor; cúmplase en mí según tu palabra).

263 DE LA VISITACIÓN DE NUESTRA SEÑORA A ELISABET DICE SAN LUCAS EN EL PRIMERO CAPÍTULO, V. 39-56. 1.° Primero: como nuestra Señora visitase a Elisabet, san Juan Bautista, estando en el vientre de su madre, sintió la visitación que hizo nuestra Señora: (Y como oyese Elisabet la salutación de nuestra Señora, gozóse el niño en el vientre della, y llena del Espíritu Santo, Elisabet exclamó con una gran voz y dijo: bendita seas tú entre las mujeres, y bendito sea el fruto de tu vientre). 2.° Segundo: Nuestra Señora canta el cántico diciendo: (Engrandece mi ánima al Señor). 3.° Tercio: (María estuvo con Elisabet quasi tres meses, y después se tornó a su casa).

264 DEL NACIMIENTO DE CRISTO NUESTRO SEÑOR DICE SAN LUCAS EN EL CAPÍTULO II, V. 1-14. 1.° Primero: Nuestra Señora y su esposo José van de Nazaret a Bethlén: (Ascendió José de Galilea a Bethlén, para conocer sujeción a César con María su esposa y mujer ya preñada). 2.° 2.°: (Parió su Hijo primogénito y lo envolvió con paños y lo puso en el pesebre). 3.° 3.°: (Llegóse una multitud de ejército celestial que decía: gloria sea a Dios en los cielos).

265 DE LOS PASTORES ESCRIBE SAN LUCAS EN EL CA-
PÍTULO II, V. 8-20. Primero: La natividad de Cristo nuestro
Señor se manifiesta a los pastores por el ángel: (Manifiesto a
vosotros grande gozo, porque hoy es nacido el Salvador del
mundo). 2.º: Los pastores van a Bethlén: (vinieron con prisa
y hallaron a María y a José y al Niño puesto en el pesebre).
3.º: (Tornaron los pastores glorificando y laudando al Señor).

266 DE LA CIRCUNCISIÓN ESCRIBE SAN LUCAS EN
EL CAPÍTULO II, V. 21. 1.º Primero: circuncidaron al Niño
Jesú.

2.º 2.º: (El nombre dél es llamado Jesús, el cual es nombrado
del ángel ante que en el vientre se concibiese). 3.º 3.º: tornan
el Niño a su Madre, la cual tenía compasión de la sangre que
de su Hijo salía.

267 DE LOS TRES REYES MAGOS ESCRIBE SAN MA-
TEO EN EL CAPÍTULO II, V. 1-12. 1.º Primero: los tres
reyes magos, guiándose por la estrella, vinieron a adorar a
Jesú, diciendo: (Vimos la estrella dél en Oriente y venimos
a adorarle). 2.º 2.º: le adoraron y le ofrecieron dones: (Pros-
trándose por tierra lo adoraron y le presentaron dones, oro,
incienso y mirra). 3.º 3.º: (Recibieron respuesta estando durmiendo que no tornasen a Herodes, y por otra vía tornaron
a su región).

268 DE LA PURIFICACIÓN DE NUESTRA SEÑORA Y
REPRESENTACIÓN DEL NIÑO JESÚ ESCRIBE SAN LU-
CAS, CAPÍTULO II, V. 22-39. 1.º Primero: traen al Niño
Jesús al templo, para que sea representado al Señor como
primogénito, y ofrecen por él (un par de tórtolas o dos hijos

de palomas). 2.° 2.°: Simeón viniendo al templo (tomólo en sus brazos), diciendo: (Agora Señor, deja a tu siervo en paz). 3.° 3.°: Ana (viniendo después confesaba al Señor y hablaba dél a todos los que esperaban la redención de Israel).

269 DE LA HUIDA HA EGIPTO ESCRIBE SAN MATEO EN EL CAPÍTULO II, V. 13-18. 1.° Primero: Herodes quería matar al Niño Jesú, y así mató los inocentes y ante de la muerte dellos amonestó el ángel a José que huyese a Egipto: (Levántate y toma el Niño y a su Madre y huye a Egipto). 2.° 2.°: Partióse para Egipto: (El cual levantándose de noche partióse a Egipto). 3.° 3.°: (Estuvo allí hasta la muerte de Herodes).

270 DE CÓMO CRISTO NUESTRO SEÑOR TORNO DE EGIPTO ESCRIBE SAN MATEO EN EL CAPÍTULO II, V. 19-23. 1.° Primero: el ángel amonesta a José para que torne a Israel: (Levántate y toma el Niño y su Madre y va a la tierra de Israel). 2.° 2.°: (Levantándose vino en la tierra de Israel).

3.° 3.°: Porque reinaba Arquelao, hijo de Herodes, en Judea, retrájose en Nazaret.

271 DE LA VIDA DE CRISTO NUESTRO SEÑOR DESDE LOS DOCE AÑOS HASTA LOS TREINTA ESCRIBE SAN LUCAS EN EL CAPÍTULO II, V. 51-52. 1.° Primero: era obediente a sus padres.

2.° (Aprovechaba en sapiencia, edad y gracia).

3.º Parece que ejercitaba la arte de carpintero, como muestra significar san Marco en el capítulo sexto: (¿Por aventura es éste aquel carpintero?).

272 DE LA VENIDA DE CRISTO AL TEMPLO CUANDO ERA DE EDAD DE DOCE AÑOS ESCRIBE SAN LUCAS EN EL CAPÍTULO II, V. 41-50. 1.º Primero. Cristo nuestro Señor de edad de doce años ascendió de Nazaret a Jerusalén. 2.º 2.º: Cristo nuestro Señor quedó en Jerusalén, y no lo supieron sus parientes. 3.º 3.º: Pasados los tres días le hallaron disputando en el templo, y asentado en medio de los doctores, y demandándole sus padres dónde había estado, respondió: (¿no sabéis que en las cosas que son de mi Padre me conviene estar?).

273 DE CÓMO CRISTO SE BAUTIZÓ ESCRIBE SAN MATEO EN EL CAPÍTULO III, V. 13-17. 1.º Primero: Cristo nuestro Señor, después de haberse despedido de su bendita Madre, vino desde Nazaret al río Jordán, donde estaba san Juan Bautista. 2.º 2.º: san Juan bautizó a Cristo nuestro Señor, y queriéndose excusar, reputándose indigno de lo bautizar, dícele Cristo: (Haz esto por el presente, porque así es menester que cumplamos toda la justicia). 3.º 3.º: (Vino el Espíritu Santo y la voz del Padre desde el cielo afirmando: este es mi Hijo amado, del cual estoy muy satisfecho).

274 DE CÓMO CRISTO FUE TENTADO ESCRIBE SAN LUCAS EN EL CAPÍTULO IV, V. 1-13, Y MATEO, CAPÍTULO IV, V. 1-11. 1.º Primero: después de haberse bautizado fue al desierto, donde ayunó cuarenta días y cuarenta noches. 2.º 2.º: fue tentado del enemigo tres veces: (Llegándose a él el tentador le dice: Si tú eres Hijo de Dios, di que estas piedras se tornen en pan; échate de aquí abajo; todo esto que ves te daré, si postrado en tierra me adorares). 3.º 3.º: (Vinieron los ángeles y le servían).

275 DEL LLAMAMIENTO DE LOS APÓSTOLES.

1.º Primero: tres veces parece que son llamados san Pedro y san Andrés: primero a cierta noticia; esto consta por san Juan en el primero capítulo; secundariamente a seguir en alguna manera a Cristo con propósito de tornar a poseer lo que habían dejado, como dice san Lucas en el capítulo quinto; terciamente para seguir para siempre a Cristo nuestro Señor, san Mateo en el cuarto capítulo, y san Marco en el primero. 2.º 2.º: Llamó a Filipo, como está en el primero capítulo de san Juan, y a Mateo, como el mismo Mateo dice en el nono capítulo. 3.º 3.º: Llamó a lo otros apóstoles de cuya especial vocación no hace mención el evangelio. Y también tres otras cosas se han de considerar: la primera, cómo los apóstoles eran de ruda y baja condición; la segunda, la dignidad a la cual fueron tan suavemente llamados; la tercera, los dones y gracias por las cuales fueron elevados sobre todos los padres del nuevo y viejo testamento.

276 DEL PRIMERO MILAGRO HECHO EN LAS BODAS DE CANÁ (GALILEA) ESCRIBE SAN JUAN, CAPÍTULO II, V. 1-11. 1.º Primero: fue convidado Cristo nuestro Señor con sus discípulos a las bodas. 2.º 2.º: La Madre declara al Hijo la falta del vino diciendo: (No tienen vino); y mandó a los servidores: (Haced cualquiera cosa que os dijere). 3.º 3.º: (Convirtió el agua en vino, y manifestó su gloria, y creyeron en él sus discípulos).

277 DE CÓMO CRISTO ECHO FUERA DEL TEMPLO LOS QUE VENDÍAN ESCRIBE SAN JUAN, CAPÍTULO II, V. 13-22. 1.º Primero: Echó todos los que vendían fuera del templo con un azote hecho de cuerdas. 2.º 2.º: Derrocó las mesas y dineros de los banqueros ricos que estaban en el templo. 3.º 3.º: A los pobres que vendían palomas mansamente dijo: (quitá estas cosas de aquí y no queráis hacer mi casa casa de mercadería).

278 DEL SERMÓN QUE HIZO CRISTO EN EL MONTE ESCRIBE SAN MATEO EN EL CAPÍTULO V. 1.º Primero: a sus amados discípulos aparte habla de las ocho beatitúdines: (Bienaventurados los pobres de espíritu, los mansuestos, los misericordes, los que lloran, los que pasan hambre y sed por la justicia, los limpios de corazón, los pacíficos, y los que padecen persecuciones). 2.º 2.º: los exhorta para que usen bien de sus talentos: (Así vuestra luz alumbre delante los hombres, para que vean vuestras buenas obras, y glorifiquen vuestro Padre, el cual está en los cielos). 3.º 3.º: se muestra no transgresor de la ley, mas consumador, declarando el precepto de no matar, no fornicar, no perjurar, y de amar los enemigos: (Yo os digo a vosotros que améis a vuestros enemigos y hagáis bien a los que os aborrecen).

279 DE CÓMO CRISTO NUESTRO SEÑOR HIZO SOSEGAR LA TEMPESTAD DEL MAR ESCRIBE SAN MATEO CAPÍTULO VIII, V. 23-27. 1.º Primero: estando Cristo nuestro Señor durmiendo en la mar, hízose una gran tempestad. 2.º 2.º: sus discípulos, atemorizados, lo despertaron a los cuales por la poca fe que tenían reprende diciéndoles: (¿Qué teméis, apocados de fe?). 3.º 3.º: mandó a los vientos y a la mar que cesasen, y así cesando se hizo tranquila la mar, de lo cual se maravillaron los hombres diciendo: (¿Quién es éste, al cual el viento y la mar obedecen?).

280 DE CÓMO CRISTO ANDABA SOBRE LA MAR ESCRIBE SAN MATEO, CAPÍTULO XIV, V. 22-33. 1.º Primero: estando Cristo nuestro Señor en el monte, hizo que sus discípulos se fuesen a la navecilla, y despedida la turba comenzó ha hacer oración solo. 2.º 2.º: la navecilla era combatida de las ondas, a la cual Cristo viene andando sobre el agua, y los discípulos pensaban que fuese fantasma. 3.º 3.º: diciéndoles Cristo: (Yo soy, no queráis temer). san Pedro, por su mandamiento, vino a él andando sobre el agua, el cual dudando comenzó a sampuzarse, mas Cristo nuestro Señor lo libró, y le reprendió de su poca fe, y después entrando en la navecilla cesó el viento.

281 DE CÓMO LOS APÓSTOLES FUERON ENVIADOS A PREDICAR ESCRIBE SAN MATEO, CAPÍTULO X, V. 1-16. Primero: llama Cristo a sus amados discípulos, y dales potestad de echar los demonios de los cuerpos humanos y curar todas las enfermedades. 2.º: Enséñalos de prudencia y paciencia: (Mirad que os envío a vosotros como ovejas en medio de lobos; por tanto, sed prudentes como serpientes, y símplices como palomas). 3.º: Dales el modo de ir: (No queráis poseer oro ni plata; lo que graciosamente recibís, dadlo graciosamente); y dióles materia de predicar: (Yendo predicaréis diciendo: ya se ha acercado el reino de los cielos).

282 DE LA CONVERSIÓN DE LA MAGDALENA ESCRIBE SAN LUCAS, CAPÍTULO VII, V. 36-50. Primero: entra la Magdalena adonde está Cristo nuestro Señor asentado a la tabla en casa del fariseo, la cual traía un vaso de alabastro

lleno de ungüento. 2.º 2.º: estando detrás del Señor, cerca sus pies, con lágrimas los comenzó de regar, y con los cabellos de su cabeza los enjugaba, y besaba sus pies, y con ungüento los untaba. 3.º 3.º: como el fariseo acusase a la Magdalena, habla Cristo en defensión della, diciendo: (Perdónanse a ella muchos pecados, porque amó mucho; y dijo a la mujer: tu fe te ha hecho salva, vete en paz).

283 DE CÓMO CRISTO NUESTRO SEÑOR DIO A CO-MER A CINCO MIL HOMBRES ESCRIBE SAN MATEO, CAPÍTULO XIV, V. 13-21. 1.º Primero: los discípulos, como ya se hiciese tarde, ruegan a Cristo que despida la multitud de hombres que con él eran. 2.º 2.º: Cristo nuestro Señor mandó que le trajesen panes, y mandó que se asentasen a la tabla, y bendijo, y partió, y dio a sus discípulos los panes, y los discípulos a la multitud. 3.º 3.º: (Comieron y hartáronse, y sobraron doce espuertas).

284 DE LA TRANSFIGURACIÓN DE CRISTO ESCRIBE SAN MATEO, CAPÍTULO XVII V. 1-9. 1.º Primero: tomando en compañía Cristo nuestro Señor a sus amados discípulos Pedro, Jacobo y Juan, transfiguróse, y su cara resplandecía como el Sol, y sus vestiduras como la nieve. 2.º 2.º: Hablaba con Moisés y Elías.

3.º 3.º: diciendo san Pedro que hiciesen tres tabernáculos, sonó una voz del cielo que decía: (Este es mi Hijo amado, oídle); la cual voz, como sus discípulos la oyesen, de temor cayeron sobre las caras, y Cristo nuestro Señor tocólos, y díjoles: (Levantaos y no tengáis temor; a ninguno digáis esta visión, hasta que el Hijo del hombre resucite).

285 DE LA RESURRECCIÓN DE LÁZARO, JOANNES, CAPÍTULO XI, V. 1-45. 1.° Primero: hacen saber a Cristo nuestro Señor Marta y María la enfermedad de Lázaro, la cual sabida se detuvo por dos días, para que el milagro fuese más evidente. 2.° 2.°: antes que lo resucite pide a la una y a la otra que crean diciendo: (Yo soy resurrección y vida; el que cree en mí, aunque sea muerto, vivirá). 3.° 3.°: lo resucita después de haber llorado y hecho oración; y la manera de resucitarlo fue mandando: (Lázaro, ven fuera).

286 DE LA CENA EN BETANIA, MATEO, CAPÍTULO XXVI, V. 6-10. 1.° Primero: el Señor cena en casa de Simón el leproso, juntamente con Lázaro. 2.° 2.°: derrama María el ungüento sobre la cabeza de Cristo. 3.° 3.°: murmura Judas, diciendo: (¿Para qué es esta perdición de ungüento?); mas él excusa otra vez a Magdalena, diciendo: (¿Porqué sois enojosos a esta mujer, pues que ha hecho una buena obra conmigo?).

287 DOMINGO DE RAMOS, MATEO, CAPÍTULO XXI, V. 1-17.

1.° Primero: el Señor envía por el asna y el pollino diciendo: (Desataldos y traédmelos; y si alguno os dijere alguna cosa, decid que el Señor los ha menester, y luego los dejará). 2.° 2.°: subió sobre el asna cubierta con las vestiduras de los apóstoles. 3.° 3.°: le salen a recibir tendiendo sobre el camino sus vestiduras y los ramos de los árboles y diciendo: (Sálvanos, Hijo de David; bendito el que viene en nombre del Señor, sálvanos en las alturas).

288 DE LA PREDICACIÓN EN EL TEMPLO, LUC., CAPÍTULO XIX, V. 47-48. 1.º Primero: estaba cada día enseñando en el templo.

2.º 2.º: acabada la predicación, porque no había quien lo recibiese en Jerusalén, se volvía a Betania.

289 DE LA CENA, MATEO, XXVI, V. 20-30; JUAN, XIII, V. 1-30. 1.º Primero: comió el cordero pascual con sus doce apóstoles, a los cuales les predijo su muerte: (En verdad os digo que uno de vosotros me ha de vender). 2.º 2.º: lavó los pies de los discípulos, hasta los de Judas, comenzando de san Pedro, el cual considerando la majestad del Señor y su propia bajeza, no queriendo consentir, decía: (Señor, ¿tú me lavas a mí los pies?); mas san Pedro no sabía que en aquello daba ejemplo de humildad, y por eso dijo: (Yo os he dado ejemplo, para que hagáis como yo hice). 3.º 3.º: instituyó el sacratísimo sacrificio de la eucaristía, en grandísima señal de su amor, diciendo: (Tomad y comed). Acabada la cena, Judas se sale a vender a Cristo nuestro Señor.

290 DE LOS MISTERIOS HECHOS DESDE LA CENA HASTA EL HUERTO INCLUSIVE, MATEO, CAPÍTULO XXVI, V. 30-46; Y MARCO, CAPÍTULO XIV, V. 26-42. 1.º Primero: el Señor, acabada la cena y cantando el himno, se fue al monte Oliveti con sus discípulos llenos de miedo; y dejando los ocho en Getsemaní, diciendo: (Sentaos aquí hasta que vaya allí a orar). 2.º 2.º: acompañado de san Pedro, Santiago y san Juan, oró tres veces al Señor, diciendo: (Padre, si se puede hacer, pase de mí este cáliz; con todo no se haga mi voluntad, sino la tuya; y estando en agonía oraba más prolijamente). 3.º 3.º: vino en tanto temor, que decía: (Triste está mi ánima hasta la muerte); y sudó sangre tan copiosa, que dice san Lucas: (Su sudor era como gotas de sangre que corrían en tierra), lo cual ya supone las vestiduras estar llenas de sangre.

291 DE LOS MISTERIOS HECHOS DESDE EL HUERTO HASTA LA CASA DE ANAS INCLUSIVE, MATEO, XXVI, V. 47-58; LUCAS, XXII, 47-57; MARCOS, CAPÍTULO XIV, 43-68. 1.° Primero: el Señor se deja besar de Judas, y prender como ladrón, a los cuales dijo: (Como a ladrón me habéis salido a prender, con palos y armas, cuando cada día estaba con vosotros en el templo enseñando, y no me prendisteis); y diciendo: (¿A quién buscáis?), cayeron en tierra los enemigos. 2.° 2.°: san Pedro hirió a un siervo del pontífice, al cual el mansueto Señor dice: (Torna tu espada en su lugar), y sanó la herida del siervo. 3.° 3.°: desamparado de sus discípulos es llevado a Anás, adonde san Pedro, que le había seguido desde lejos, lo negó una vez y a Cristo le fue dada una bofetada diciéndole: (¿Así respondes al Pontífice?).

292 DE LOS MISTERIOS HECHOS DESDE CASA DE ANÁS HASTA LA CASA DE CAIFÁS INCLUSIVE, MATEO, XXVI; MARCOS, XIV; LUCAS, XXII; JUAN, CAPÍTULO XVIII. 1.° Primero: lo llevan atado desde casa de Anás a casa de Caifás, adonde san Pedro lo negó dos veces, y mirado del Señor (saliendo fuera lloró amargamente). 2.° 2.°: estuvo Jesús toda aquella noche atado.

3.° 3.°: aliende desto los que lo tenían preso se burlaban dél, y le herían, y le cubrían la cara, y le daban de bofetadas; y le preguntaban: (Profetiza nobis quién es el que te hirió; y semejantes cosas blasfemaban contra él).

293 DE LOS MISTERIOS HECHOS DESDE LA CASA DE CAIFÁS HASTA LA DE PILATO INCLUSIVE, MATEO, XXVII; LUC., XXIII; MARCOS, XV. 1.º Primero: lo llevan toda la multitud de los judíos a Pilato, y delante dél lo acusan diciendo: (A éste habemos hallado que echaba a perder nuestro pueblo y vedaba pagar tributo a César). 2.º 2.º: después de habello Pilato una vez y otra examinado, Pilato dice: (Yo no hallo culpa ninguna). 3.º 3.º: le fue preferido Barrabás, ladrón: (Dieron voces todos diciendo: no dejes a éste, sino a Barrabás).

294 DE LOS MISTERIOS HECHOS DESDE CASA DE PILATO HASTA LA DE HERODES, LUCAS, XXIII, V. 6-11. 1.º Primero: Pilato envió a Jesú Galileo a Herodes, tetrarca de Galilea. 2.º 2.º: Herodes, curioso, le preguntó largamente; y El ninguna cosa le respondía, aunque los escribas y sacerdotes le acusaban constantemente. 3.º 3.º: Herodes lo despreció con su ejército, vistiéndole con una veste blanca.

295 DE LOS MISTERIOS HECHOS DESDE LA CASA DE HERODES HASTA LA DE PILATO, MATEO, XXVII; LUCAS, XXIII; MARCOS, XV, Y JUAN, XIX. 1.º Primero: Herodes lo torna a enviar a Pilato, por lo cual son hechos amigos, que antes estaban enemigos. 2.º 2.º: tomó a Jesús Pilato, y azotólo, y los soldados hicieron una corona de espinas, y pusiéronla sobre su cabeza, y vistiéronlo de púrpura, y venían a él y decían: (Dios te salve, rey de los judíos); (y dábanle de bofetadas). 3.º 3.º: lo sacó fuera en presencia de todos: (Salió, pues, Jesús fuera coronado de espinas y vestido de grana; y díjoles Pilato: E aquí el hombre); y como lo viesen los pontífices, daban voces, diciendo: (Crucifica, crucifícalo).

296 DE LOS MISTERIOS HECHOS DESDE CASA DE PILATO HASTA LA CRUZ INCLUSIVE, JUAN, XIX, V. 13-22.

1.º Primero: Pilato, sentado como juez, les cometió a Jesús, para que le crucificasen, después que los judíos lo habían negado por rey diciendo: (No tenemos rey sino a César). 2.º 2.º: llevaba la cruz a cuestas, y no pudiéndola llevar, fue constreñido Simón cirenense para que la llevase detrás de Jesús. 3.º 3.º: lo crucificaron en medio de dos ladrones, poniendo este título: (Jesús nazareno, rey de los judíos).

297 DE LOS MISTERIOS HECHOS EN LA CRUZ, JUAN, XIX, V. 23-37.

1.º Primero: habló siete palabras en la cruz: rogó por los que le crucificasen; perdonó al ladrón; encomendó a san Juan a su Madre, y a la Madre a san Juan; dijo con alta voz: (Sitio); y diéronle hiel y vinagre; dijo que era desamparado; dijo: (acabado es); dijo: (Padre, en tus manos encomiendo mi espíritu). 2.º 2.º: el Sol fue oscurecido; las piedras, quebradas; las sepulturas, abiertas; el velo del templo, partido en dos partes de arriba abajo. 3.º 3.º: blasfémanle diciendo: (Tú eres el que destruyes el templo de Dios; baja de la cruz); fueron divididas sus vestiduras; herido con la lanza su costado manó agua y sangre.

298 DE LOS MISTERIOS HECHOS DESDE LA CRUZ HASTA EL SEPULCRO INCLUSIVE, IBÍDEM.

1.º Primero: fue quitado de la cruz por José y Nicodemo, en presencia de su Madre dolorosa. 2.º 2.º: fue llevado el cuerpo al sepulcro y untado y sepultado. 3.º 3.º: fueron puestas guardas.

299 DE LA RESURRECCIÓN DE CRISTO NUESTRO SEÑOR. DE LA PRIMERA APARICIÓN SUYA.

1.º Primero:

apareció a la Virgen María, lo cual, aunque no se diga en la Escritura, se tiene por dicho, en decir que apareció a tantos otros; porque la Escritura supone que tenemos entendimiento, como está escrito: (¿También vosotros estáis sin entendimiento?).

300 DE LA 2.ª APARICIÓN, MARCO, CAPÍTULO XVI, V. 1-11

1.º Primero: van muy de mañana María Magdalena, Jacobo y Salomé al monumento, diciendo: (¿Quién nos alzará la piedra de la puerta del monumento?). 2.º 2.º: ven la piedra alzada y al ángel que dice: (A Jesú nazareno buscáis; ya es resucitado, no está aquí). 3.º 3.º: apareció a María, la cual se quedó cerca del sepulcro, después de idas las otras.

301 DE LA 3.ª APARICIÓN, SAN MATEO, ÚLTIMO CAPÍTULO. 1.º Primero: salen estas Marías del monumento con temor y gozo grande, queriendo anunciar a los discípulos la resurrección del Señor. 2.º 2.º: Cristo nuestro Señor se les apareció en el camino, diciéndoles: (Dios os salve); y ellas llegaron y pusiéronse a sus pies y adoráronlo. 3.º 3.º: Jesús les dice: (No temáis; id y decid a mis hermanos que vayan a Galilea, porque allí me verán).

302 DE LA 4.ª APARICIÓN, CAPÍTULO ÚLTIMO DE LUC., V. 9-12; 33-34. 1.º Primero: oído de las mujeres que Cristo era resucitado, fue de presto san Pedro al monumento. 2.º 2.º: entrando en el monumento vio solos los paños con que fue cubierto el cuerpo de Cristo nuestro Señor y no otra cosa. 3.º 3.º: pensando san Pedro en estas cosas se le apare-

ció Cristo y por eso los apóstoles decían: (Verdaderamente el Señor a resucitado y aparecido a Simón).

303 DE LA 5.ª APARICIÓN EN EL ÚLTIMO CAPÍTULO DE SAN LUCAS. 1.º Primero: se aparece a los discípulos que iban en Emaús hablando de Cristo. 2.º 2.º: los reprende mostrando por las Escrituras que Cristo había de morir y resucitar: (¡Oh necios y tardos de corazón para creer todo lo que han hablado los profetas! ¿No era necesario que Cristo padeciese, y así entrase en su gloria?). 3.º 3.º: por ruego dellos se detiene allí y estuvo con ellos hasta que, en comulgándolos, desapareció; y ellos tornando, dijeron a los discípulos cómo lo habían conocido en la comunión.

304 DE LA 6.ª APARICIÓN, JUAN, CAPÍTULO XX, V. 19-23.

1.º Primero: los discípulos estaban congregados (por el miedo de los judíos), excepto santo Tomás. 2.º 2.º: se les apareció Jesús estando las puertas cerradas, y estando en medio dellos dice: (Paz con vosotros). 3.º 3.º: dales el Espíritu Santo diciéndoles: (Recibid el Espíritu Santo; a aquellos que perdonáredes los pecados, les serán perdonados).

305 DE LA 7.ª APARICIÓN, JUAN, XX, V. 24-29.

1.º primero: santo Tomás, incrédulo, porque era ausente de la aparición precedente, dice: (Si no lo viere, no lo creeré). 2.º 2.º: se les aparece Jesús desde ahí a ocho días, estando cerradas las puertas, y dice a santo Tomás: (Mete aquí tu dedo, y ve la verdad, y no quieras ser incrédulo, sino fiel). 3.º 3.º: santo Tomás creyó diciendo: (Señor mío y Dios mío); al cual dice Cristo: (Bienaventurados son los que no vieron y creyeron).

306 DE LA 8.ª APARICIÓN, JUAN, CAPÍTULO ÚLTIMO, V. 1-17. 1.º Primero: Jesús aparece a siete de sus discípulos que estaban pescando, los cuales por toda la noche no habían tomado nada, y extendiendo la red por su mandamiento (no podían sacalla por la muchedumbre de peces). 2.º 2.º: por este milagro san Juan lo conoció, y dijo a san Pedro: (El Señor es); el cual se echó en la mar y vino a Cristo. 3.º 3.º: les dio a comer parte de un pez asado y un panal de miel; y encomendó las ovejas a san Pedro, primero examinado tres veces de la caridad, y le dice: (Apacienta mis ovejas).

307 DE LA 9.ª APARICIÓN, MATEO, CAPÍTULO ÚLTIMO, V. 16-20. 1.º primero: los discípulos, por mandado del Señor, van al monte Thabor. 2.º 2.º: Cristo se les aparece y dice: (Dada me es toda potestad en cielo y en tierra). 3.º 3.º: los envió por todo el mundo a predicar, diciendo: (Id y enseñad todas las gentes bautizándolas en nombre del Padre y del Hijo y del Espíritu santo).

308 DE LA 10.ª APARICIÓN EN LA PRIMERA EPÍSTOLA A LOS CORINTIOS, CAPÍTULO XV, V. 6. (Después fue visto de más de 500 hermanos juntos).

309 DE LA 11.ª APARICIÓN. EN LA PRIMERA EPÍSTOLA A LOS CORINTIOS, CAPÍTULO XV, V. 7. (Apareció después a Santiago).

310 DE LA 12.ª APARICIÓN.

Apareció a José Abarimatia, como píamente se medita y se lee en la vida de los santos.

311 DE LA 13.ª APARICIÓN, 1.ª EPÍSTOLA CORINTIOS, CAPÍTULO XV, V. 8 Apareció a san Pablo después de la Ascensión (finalmente a mí, como abortivo, se me apareció), apareció también en ánima a los padres santos del limbo y después de sacados y tornado a tomar el cuerpo, muchas veces apareció a los discípulos y conversaba con ellos.

312 DE LA ASCENSIÓN DE CRISTO NUESTRO SEÑOR, ACT. I, V. 1-12. 1.º Primero: después que por espacio de cuarenta días apareció a los apóstoles, haciendo muchos argumentos y señales y hablando del reino de Dios, mandóles que en Jerusalén esperasen el Espíritu santo prometido. 2.º 2.º: sacólos al monte Oliveti (y en presencia dellos fue elevado y una nube le hizo desaparecer de los ojos dellos). 3.º 3.º: mirando ellos al cielo les dicen los ángeles: (Varones galileos, ¿qué estáis mirando al cielo?, este Jesús, el cuál es llevado de vuestros ojos al cielo, así vendrá como le vistes ir en el cielo).

Reglas 1.ª semana

313 REGLAS PARA EN ALGUNA MANERA SENTIR Y CONOCER LAS VARIAS MOCIONES QUE EN LA ÁNIMA SE CAUSAN: LAS BUENAS PARA RECIBIR Y LAS MALAS PARA LANZAR; Y SON MÁS PROPIAS PARA LA PRIMERA SEMANA.

314 1.ª regla. La primera regla: en las personas que van de pecado mortal en pecado mortal, acostumbra comúnmente el enemigo proponerles placeres aparentes, haciendo imaginar delectaciones y placeres sensuales, por más los conservar y aumentar en sus vicios y pecados; en las cuales personas el buen espíritu usa contrario modo, punzándoles y remordiéndoles las consciencias por el sindérese de la razón.

315 2.ª regla. La segunda: en las personas que van intensamente purgando sus pecados, y en el servicio de Dios nuestro Señor de bien en mejor subiendo, es el contrario modo que en la primera regla; porque entonces propio es del mal espíritu morder, tristar y poner impedimentos inquietando con falsas razones, para que no pase adelante; y propio del bueno dar ánimo y fuerzas, consolaciones, lágrimas, inspiraciones y quietud, facilitando y quitando todos impedimentos, para que en el bien obrar proceda adelante.

316 3.ª regla. La tercera de consolación espiritual: llamo consolación cuando en el ánima se causa alguna moción interior, con la cual viene la ánima a inflamarse en amor de su Criador y Señor, y consecuenter cuando ninguna cosa criada sobre la haz de la tierra puede amar en sí, sino en el Criador de todas ellas. Asimismo cuando lanza lágrimas motivas a amor de su Señor, agora sea por el dolor de sus pecados, o de la pasión de Cristo nuestro Señor, o de otras cosas derechamente ordenadas en su servicio y alabanza; finalmente, llamo consolación todo aumento de esperanza, fe y caridad y toda leticia interna que llama y atrae a las cosas celestiales y a la propia salud de su ánima, quietándola y pacificándola en su Criador y Señor.

317 4.ª regla. La cuarta de desolación espiritual: llamo desolación todo el contrario de la tercera regla; así como oscuri-

dad del ánima, turbación en ella, moción a las cosas bajas y terrenas, inquietud de varias agitaciones y tentaciones, moviendo a infidencia, sin esperanza, sin amor, hallándose toda perezosa, tibia, triste y como separada de su Criador y Señor. Porque así como la consolación es contraria a la desolación, de la misma manera los pensamientos que salen de la consolación son contrarios a los pensamientos que salen de la desolación.

318 5.ª regla. La quinta: en tiempo de desolación nunca hacer mudanza, mas estar firme y constante en los propósitos y determinación en que estaba el día antecedente a la tal desolación, o en la determinación en que estaba en la antecedente consolación. Porque así como en la consolación nos guía y aconseja más el buen espíritu, así en la desolación el malo, con cuyos consejos no podemos tomar camino para acertar.

319 6.ª regla. La sexta: dado que en la desolación no debemos mudar los primeros propósitos, mucho aprovecha el intenso mudarse contra la misma desolación, así como es en instar más en la oración, meditación, en mucho examinar y en alargarnos en algún modo conveniente de hacer penitencia.

320 7.ª regla. La séptima: el que está en desolación, considere cómo el Señor le ha dejado en prueba en sus potencias naturales, para que resista a las varias agitaciones y tentaciones del enemigo; pues puede con el auxilio divino, el cual siempre le queda, aunque claramente no lo sienta; porque el Señor le ha abstraído su mucho hervor, crecido amor y gracia intensa, quedándole también gracia suficiente para la salud eterna.

321 8.ª regla. La octava: el que está en desolación, trabaje de estar en paciencia, que es contraria a las vejaciones que le vienen, y piense que será presto consolado, poniendo las diligencias contra la tal desolación, como está dicho en la sexta regla.

322 9.ª regla. La nona: tres causas principales son porque nos hallamos desolados: la primera es por ser tibios, perezosos o negligentes en nuestros ejercicios espirituales, y así por nuestras faltas se aleja la consolación espiritual de nosotros; la segunda, por probarnos para cuánto somos, y en cuánto nos alargamos en su servicio y alabanza, sin tanto estipendio de consolaciones y crecidas gracias; la tercera, por darnos vera noticia y conocimiento para que internamente sintamos que no es de nosotros traer o tener devoción crecida, amor intenso, lágrimas ni otra alguna consolación espiritual, mas que todo es don y gracia de Dios nuestro Señor, y porque en cosa ajena no pongamos nido, alzando nuestro entendimiento en alguna soberbia o gloria vana, atribuyendo a nosotros la devoción o las otras partes de la espiritual consolación.

323 10.ª regla. La décima: el que está en consolación piense cómo se habrá en la desolación que después vendrá, tomando nuevas fuerzas para entonces.

324 11.ª regla. La undécima: el que está consolado procure humillarse y bajarse cuanto puede, pensando cuán para poco es en el tiempo de la desolación sin la tal gracia o consolación. Por el contrario, piense el que está en desolación que puede mucho con la gracia suficiente para resistir a todos sus enemigos, tomando fuerzas en su Criador y Señor.

325 12.ª regla. La duodécima: el enemigo se hace como mujer en ser flaco por fuerza y fuerte de grado, porque así como es propio de la mujer, cuando riñe con algún varón, perder ánimo, dando huida cuando el hombre le muestra mucho rostro; y por el contrario, si el varón comienza a huir perdiendo ánimo, la ira, venganza y ferocidad de la mujer es muy crecida y tan sin mesura; de la misma manera es propio del enemigo enflaquecerse y perder ánimo, dando huida sus tentaciones, cuando la persona que se ejercita en las cosas espirituales pone mucho rostro contra las tentaciones del enemigo haciendo el opósito per diametrum; y por el contrario, si la persona que se ejercita comienza a tener temor y perder ánimo en sufrir las tentaciones, no hay bestia tan fiera sobre la haz de la tierra como el enemigo de natura humana, en prosecución de su dañada intención con tan crecida malicia.

326 13.ª regla. La terdécima: asimismo se hace como vano enamorado en querer ser secreto y no descubierto: porque así como el hombre vano, que hablando a mala parte requiere a una hija de un buen padre, o una mujer de buen marido, quiere que sus palabras y suasiones sean secretas; y el contrario le displace mucho, cuando la hija al padre o la mujer al marido descubre sus vanas palabras y intención depravada, porque fácilmente colige que no podrá salir con la impresa comenzada: de la misma manera, cuando el enemigo de natura humana trae sus astucias y suasiones a la ánima justa, quiere y desea que sean recibidas y tenidas en secreto; mas cuando las descubre a su buen confesor o a otra persona espiritual, que conozca sus engaños y malicias, mucho le pesa: porque colige que no podrá salir con su malicia comenzada, en ser descubiertos sus engaños manifiestos.

327 14.ª regla. La cuatordécima: asimismo se ha como un caudillo, para vencer y robar lo que desea; porque así como un capitán y caudillo del campo, asentando su real y mirando las fuerzas o disposición de un castillo, le combate por la parte más flaca; de la misma manera el enemigo de natura humana, rodeando mira en torno todas nuestras virtudes teologales, cardinales y morales; y por donde nos halla más flacos y más necesitados para nuestra salud eterna, por allí nos bate y procura tomarnos.

Reglas 2.ª semana

328 REGLAS PARA EL MISMO EFECTO CON MAYOR DISCRECIÓN DE ESPÍRITUS, Y CONDUCEN MÁS PARA LA SEGUNDA SEMANA.

329 1.ª regla. La primera: propio es de Dios y de sus ángeles en sus mociones dar verdadera alegría y gozo espiritual, quitando toda tristeza y turbación, que el enemigo induce; del cual es propio militar contra la tal alegría y consolación espiritual, trayendo razones aparentes, sutilezas y asiduas falacias.

330 2.ª regla. La segunda: solo es de Dios nuestro Señor dar consolación a la ánima sin causa precedente; porque es propio del Criador entrar, salir, hacer moción en ella, trayéndola toda en amor de la su divina majestad. Digo sin causa, sin ningún previo sentimiento o conocimiento de algún obviecito, por el cual venga la tal consolación mediante sus actos de entendimiento y voluntad.

331 3.ª regla. La tercera: con causa puede consolar al ánima así el buen ángel como el malo, por contrarios fines: el buen ángel, por provecho del ánima, para que crezca y suba de bien en mejor; y el mal ángel para el contrario, y adelante para traerla a su dañada intención y malicia.

332 4.ª regla. La cuarta: propio es del ángel malo, que se forma sub angelo lucis, entrar con la ánima devota, y salir consigo; es a saber, traer pensamientos buenos y santos conforme a la tal ánima justa, y después, poco a poco, procura de salirse trayendo a la ánima a sus engaños cubiertos y perversas intenciones.

333 5.ª regla. La quinta: debemos mucho advertir el discurso de los pensamientos; y si el principio, medio y fin es todo bueno, inclinado a todo bien, señal es de buen ángel; mas si en el discurso de los pensamientos que trae, acaba en alguna cosa mala o distractiva, o menos buena que la que el ánima antes tenía propuesta de hacer, o la enflaquece o inquieta o conturba a la ánima, quitándola su paz, tranquilidad y quietud que antes tenía, clara señal es proceder de mal espíritu, enemigo de nuestro provecho y salud eterna.

334 6.ª regla. La sexta: cuando el enemigo de natura humana fuere sentido y conocido de su cola serpentina y mal fin a que induce, aprovecha a la persona que fue dél tentada, mirar luego en el discurso de los buenos pensamientos que le trajo, y el principio dellos, y cómo poco a poco procuró hacerla descender de la suavidad y gozo espiritual en que estaba, hasta traerla a su intención depravada; para que con la tal experiencia conocida y notada, se guarde para adelante de sus acostumbrados engaños.

335 7.ª regla. La séptima: en los que proceden de bien en mejor, el buen ángel toca a la tal ánima dulce, leve y suavemente, como gota de agua que entra en una esponja; y el malo toca agudamente y con sonido y inquietud, como cuando la gota de agua cae sobre la piedra; y a los que proceden de mal en peor, tocan los sobredichos espíritus contrario modo; cuya causa es la disposición del ánima ser a los dichos ángeles contraria o símile; porque cuando es contraria, entran con estrépito y con sentidos, perceptiblemente; y cuando es símile, entra con silencio como en propia casa a puerta abierta.

336 8.ª regla. La octava: cuando la consolación es sin causa, dado que en ella no haya engaño por ser de solo Dios nuestro Señor, como está dicho, pero la persona espiritual, a quien Dios da la tal consolación, debe, con mucha vigilancia y atención, mirar y discernir el propio tiempo de la tal actual consolación, del siguiente en que la ánima queda caliente, y favorecida con el favor y reliquias de la consolación pasada; porque muchas veces en este segundo tiempo por su propio discurso de habitúdines y consecuencias de los conceptos y juicios, o por el buen espíritu o por el malo forma diversos propósitos y pareceres, que no son dados inmediatamente de Dios nuestro Señor; y por tanto han menester ser mucho bien examinados, antes que se les dé entero crédito ni que se pongan en efecto.

Sobre las limosnas

337 EN EL MINISTERIO DE DISTRIBUIR LIMOSNAS SE DEBEN GUARDAR LAS REGLAS SIGUIENTES.

338 1.ª regla. La primera: si yo hago la distribución a parientes o amigos o a personas a quien estoy aficionado, tendré cuatro cosas que mirar, de las cuales se ha hablado en parte en la materia de elección. La primera es que aquel amor que me mueve y me hace dar la limosna, descienda de arriba, del amor de Dios nuestro Señor; de forma que sienta primero en mí que el amor más o menos que tengo a las tales personas, es por Dios, y que en la causa porque más las amo reluzca Dios.

339 2.ª regla. La segunda: quiero mirar a un hombre que nunca he visto ni conocido; y deseando yo toda su perfección en el ministerio y estado que tiene como yo quería que él tuviese medio en su manera de distribuir, para mayor gloria de Dios nuestro Señor y mayor perfección de su ánima; yo haciendo así, ni más ni menos, guardaré la regla y medida que para el otro querría y juzgo ser tal.

340 3.ª regla. La tercera: quiero considerar como si estuviese en el artículo de la muerte, la forma y medida que entonces querría haber tenido en el oficio de mi administración; y reglándome por aquella, guardarla en los actos de la mi distribución.

341 4.ª regla. La cuarta: mirando cómo me hallaré el día del juicio, pensar bien cómo entonces querría haber usado deste oficio y cargo del ministerio; y la regla que entonces querría haber tenido, tenerla agora.

342 5.ª regla. La quinta: cuando alguna persona se siente inclinada y aficionada a algunas personas, a las cuales quiere

distribuir, se detenga y rumine bien las cuatro reglas sobredichas, examinando y probando su afección con ellas; y no dé la limosna, hasta que conforme a ellas su desordenada afección tenga en todo quitada y lanzada.

343 6.ª regla. La sexta: dado que no hay culpa en tomar los bienes de Dios nuestro Señor para distribuirlos, cuando la persona es llamada de nuestro Dios y Señor para tal ministerio; pero en el cuánto y cantidad de lo que ha de tomar y aplicar para sí mismo de lo que tiene para dar a otros, hay duda de culpa y exceso; por tanto, se puede reformar en su vida y estado por las reglas sobredichas.

344 7.ª regla. La séptima: por las razones ya dichas y por otras muchas, siempre es mejor y más seguro, en lo que a su persona y estado de casa toca, cuanto más se cercenare y diminuyere, y cuanto más se acercare a nuestro summo pontífice, dechado y regla nuestra, que es Cristo nuestro Señor. Conforme a lo cual el tercero concilio Cartaginense (en el cual estuvo santo Agustín) determina y manda que la suppeléctile del obispo sea vil y pobre. Lo mismo se debe considerar en todo modos de vivir, mirando y proporcionando la condición y estado de las personas; como en matrimonio tenemos ejemplo del santo Joaquín y de santa Ana, los cuales partiendo su hacienda en tres partes, la primera daban a pobres, la segunda al ministerio y servicio del templo, la tercera tomaban para la sustentación dellos mismos y de su familia.

Sobre escrúpulos

345 PARA SENTIR Y ENTENDER ESCRÚPULOS Y SUA-
SIONES DE NUESTRO ENEMIGO, AYUDAN LAS NO-
TAS SIGUIENTES.

346 1.ª nota. La primera: llaman vulgarmente escrúpulo, el que procede de nuestro propio juicio y libertad, es a saber, cuando yo líberamente formo ser pecado lo que no es pecado; así como acaece que alguno después que a pisado una cruz de paja incidenter, forma con su propio juicio que a pecado; y éste es propiamente juicio erróneo y no propio escrúpulo.

347 2.ª nota. La segunda: después que yo he pisado aquella cruz, o después que he pensado o dicho o hecho alguna otra cosa, me viene un pensamiento de fuera que he pecado; y por otra parte me parece que no he pecado, tamen siento en esto turbación; es a saber, en cuanto dudo y en cuanto no dudo; éste tal es propio escrúpulo y tentación que el enemigo pone.

348 3.ª nota. La tercera: el primer escrúpulo de la primera nota es mucho de aborrecer, porque es todo error; mas el segundo de la segunda nota, por algún espacio de tiempo no poco aprovecha al ánima que se da a espirituales ejercicios: antes en gran manera purga y alimpia a la tal ánima, separándola mucho de toda apariencia de pecado, juxta illud Gregorii: bonarum mentium est ibi culpam cognoscere, ubi culpa nulla est.

349 4.ª nota. La cuarta: el enemigo mucho mira si una ánima es gruesa o delgada; y si es delgada, procura de más la adelgazar en extremo, para más la turbar y desbaratar; verbi gracia, si ve que una ánima no consiente en sí pecado mortal ni venial ni apariencia alguna de pecado deliberado, entonces

el enemigo, cuando no puede hacerla caer en cosa que parezca pecado, procura de hacerla formar pecado adonde no es pecado, así como en una palabra o pensamiento mínimo; si la ánima es gruesa, el enemigo procura de engrosarla más, verbi gracia, si antes no hacía caso de los pecados veniales, procurará que de los mortales haga poco caso, y si algún caso hacía antes, que mucho menos o ninguno haga agora.

350 5.ª nota. La quinta: la ánima que desea aprovecharse en la vida espiritual, siempre debe proceder contrario modo que el enemigo procede, es a saber, si el enemigo quiere engrosar la ánima, procure de adelgazarse; asimismo si el enemigo procura de atenuarla para traerla en extremo, la ánima procure solidarse en el medio para en todo quietarse.

351 6.ª nota. La sexta: cuando la tal ánima buena quiere hablar o obrar alguna cosa dentro de la Iglesia, dentro de la inteligencia de los nuestros mayores, que sea en gloria de Dios nuestro Señor, y le viene un pensamiento o tentación de fuera, para que ni hable ni obre aquella cosa, trayéndole razones aparentes de vana gloria o de otra cosa, etc.; entonces debe de alzar el entendimiento a su Criador y Señor; y si ve que es su debido servicio o a lo menos no contra, debe hacer perdiametrum contra la tal tentación, iusta Bernardum eidem respondentem: nec propter te incepi nec propter te finiam.

Sentir en la iglesia

352 PARA EL SENTIDO VERDADERO QUE EN LA IGLESIA MILITANTE DEBEMOS TENER, SE GUARDEN LAS REGLAS SIGUIENTES.

353 1.ª regla. La primera: depuesto todo juicio, debemos tener ánimo aparejado y pronto para obedecer en todo a la vera esposa de Cristo nuestro Señor, que es la nuestra santa madre Iglesia jerárquica.

354 2.ª regla. La segunda: alabar el confesar con sacerdote y el recibir del santísimo sacramento una vez en el año, y mucho más en cada mes, y mucho mejor de ocho en ocho días, con las condiciones requisitas y debidas.

355 3.ª regla. La tercera: alabar el oír misa a menudo, asimismo cantos, salmos y largas oraciones en la iglesia y fuera della; asimismo horas ordenadas a tiempo destinado para todo oficio divino y para todas oración y todas horas canónicas.

356 4.ª regla. La cuarta: alabar mucho religiones, virginidad y continencia, y no tanto el matrimonio como ningunas destas.

357 5.ª regla. La quinta: alabar votos de religión, de obediencia, de pobreza, de castidad y de otras perfecciones de supererogación; y es de advertir que como el voto sea cerca las cosas que se allegan a la perfección evangélica, en las cosas que se alejan della no se debe hacer voto, así como de ser mercader o ser casado, etc.

358 6.ª regla. Alabar reliquias de santos, haciendo veneración a ellas, y oración a ellos: alabando estaciones, peregrinaciones, indulgencias, perdonanzas, cruzadas y candelas encendidas en las iglesias.

359 7.ª regla. Alabar constituciones cerca ayunos y abstinencias, así como cuaresmas, cuatro témporas, vigilias, viernes y sábado; asimismo penitencias no solamente internas, mas aun externas.

360 8.ª regla. Alabar ornamentos y edificios de iglesias; asimismo imágenes, y venerarlas según que representan.

361 9.ª regla. Alabar, finalmente todos preceptos de la Iglesia, teniendo ánimo pronto para buscar razones en su defensa y en ninguna manera en su ofensa.

362 10.ª regla. Debemos ser más prontos para abonar y alabar así constituciones, comendaciones como costumbres de nuestros mayores; porque dado que algunas no sean o no fuesen tales, hablar contra ellas, quier predicando en público, quier platicando delante del pueblo menudo, engendrarían más murmuración y escándalo que provecho; y así se indignarían el pueblo contra sus mayores, quier temporales, quier espirituales. De manera que así como hace daño el hablar mal en ausencia de los mayores a la gente menuda, así puede hacer provecho hablar de las malas costumbres a las mismas personas que pueden remediarlas.

363 11.ª regla. Alabar la doctrina positiva y escolástica; porque así como es más propio de los doctores positivos, así como de san Jerónimo, san Agustín y de san Gregorio, etc., el mover los afectos para en todo amar y servir a Dios nuestro Señor; así es más propio de los escolásticos, así como de santo Tomás, san Buenaventura y del Maestro de las sentencias, etc., el definir o declarar para nuestros tiempos de las cosas necesarias a la salud eterna, y para más impugnar y declarar

todos errores y todas falacias. Porque los doctores escolásticos, como sean más modernos, no solamente se aprovechan de la vera inteligencia de la Sagrada Escritura y de los positivos y santos doctores; mas aun siendo ellos iluminados y esclarecidos de la virtud divina, se ayudan de los concilios, cánones y constituciones de nuestra santa madre Iglesia.

364 12.ª regla. Debemos guardar en hacer comparaciones de los que somos vivos a los bienaventurados pasados, que no poco se yerra en esto, es a saber, en decir: éste sabe más que san Agustín, es otro o más que san Francisco, es otro san Pablo en bondad, santidad, etc.

365 13.ª regla. Debemos siempre tener para en todo acertar, que lo blanco que yo veo, creer que es negro, si la Iglesia jerárquica así lo determina, creyendo que entre Cristo nuestro Señor, esposo, y la Iglesia su esposa, es el mismo espíritu que nos gobierna y rige para la salud de nuestras ánimas, porque por el mismo espíritu y Señor nuestro, que dio los diez Mandamientos, es regida y gobernada nuestra santa madre Iglesia.

366 14.ª Dado que sea mucha verdad que ninguno se puede salvar sin ser predestinado y sin tener fe y gracia, es mucho de advertir en el modo de hablar y comunicar de todas ellas.

367 15.ª No debemos hablar mucho de la predestinación por vía de costumbre; mas si en alguna manera y algunas veces se hablare, así se hable que el pueblo menudo no venga en error alguno, como algunas veces suele, diciendo: Si tengo de ser salvo o condenado, ya está determinado, y por mi bien hacer o mal, no puede ser ya otra cosa; y con esto entorpeciendo se

descuidan en las obras que conducen a la salud y provecho espiritual de sus ánimas.

368 16.ª De la misma forma es de advertir que por mucho hablar de la fe y con mucha intensión, sin alguna distinción y declaración, no se dé ocasión al pueblo para que en el obrar sea torpe y perezoso, quier antes de la fe formada en caridad o quier después.

369 17.ª Asimismo no debemos hablar tan largo instando tanto en la gracia, que se engendre veneno para quitar la libertad. De manera que de la fe y gracia se puede hablar cuanto sea posible mediante el auxilio divino, para mayor alabanza de la su divina majestad, mas no por tal suerte ni por tales modos, mayormente en nuestros tiempos tan peligrosos, que las obras y líbero arbitrio reciban detrimento alguno o por nihilo se tengan.

370 18.ª Dado que sobre todo se ha de estimar el mucho servir a Dios nuestro Señor por puro amor, debemos mucho alabar el temor de la su divina majestad; porque no solamente el temor filial es cosa pía y santísima, más aun el temor servil, donde otra cosa mejor o más útil el hombre no alcance, ayuda mucho para salir del pecado mortal; y salido fácilmente viene al temor filial, que es todo acepto y grato a Dios nuestro Señor, por estar en uno con el amor divino.

Finis

Libros a la carta

A la carta es un servicio especializado para
empresas,
librerías,
bibliotecas,
editoriales
y centros de enseñanza;
y permite confeccionar libros que, por su formato y concepción, sirven a los propósitos más específicos de estas instituciones.

Las empresas nos encargan ediciones personalizadas para marketing editorial o para regalos institucionales. Y los interesados solicitan, a título personal, ediciones antiguas, o no disponibles en el mercado; y las acompañan con notas y comentarios críticos.

Las ediciones tienen como apoyo un libro de estilo con todo tipo de referencias sobre los criterios de tratamiento tipográfico aplicados a nuestros libros que puede ser consultado en Linkgua-ediciones.com.

Linkgua edita por encargo diferentes versiones de una misma obra con distintos tratamientos ortotipográficos (actualizaciones de carácter divulgativo de un clásico, o versiones estrictamente fieles a la edición original de referencia).

Este servicio de ediciones a la carta le permitirá, si usted se dedica a la enseñanza, tener una forma de hacer pública su interpretación de un texto y, sobre una versión digitalizada «base», usted podrá introducir interpretaciones del texto fuente. Es un tópico que los profesores denuncien en clase los desmanes de una edición, o vayan comentando errores de interpretación de un texto y esta es una solución útil a esa necesidad del mundo académico.

Asimismo publicamos de manera sistemática, en un mismo catálogo, tesis doctorales y actas de congresos académicos, que son distribuidas a través de nuestra Web.

El servicio de «libros a la carta» funciona de dos formas.

1. Tenemos un fondo de libros digitalizados que usted puede personalizar en tiradas de al menos cinco ejemplares. Estas personalizaciones pueden ser de todo tipo: añadir notas de clase para uso de un grupo de estudiantes, introducir logos corporativos para uso con fines de marketing empresarial, etc. etc.

2. Buscamos libros descatalogados de otras editoriales y los reeditamos en tiradas cortas a petición de un cliente.

www.ingramcontent.com/pod-product-compliance
Lightning Source LLC
LaVergne TN
LVHW041158080426
835511LV00006B/659